中国博士后科学基金资助项目
北京市博士后工作经费资助项目

政治关联对定向增发融资的影响研究

来自中国民营上市公司的经验证据

彭文伟◎著

THE EFFECT OF THE POLITICAL CONNECTIONS ON PRIVATE EQUITY PLACEMENT

Empirical Evidence from Private Listed Firms in China

中国经济出版社
CHINA ECONOMIC PUBLISHING HOUSE
·北 京·

图书在版编目（CIP）数据

政治关联对定向增发融资的影响研究：来自中国民营上市公司的经验证据／彭文伟著. --北京：中国经济出版社，2020.12

ISBN 978-7-5136-6402-8

Ⅰ.①政… Ⅱ.①彭… Ⅲ.①民营企业-上市公司-融资-研究-中国 Ⅳ.①F279.245

中国版本图书馆 CIP 数据核字（2020）第 247202 号

责任编辑 贺 静
责任印制 巢新强
封面设计 任燕飞设计

出版发行 中国经济出版社
印 刷 者 北京柏力行彩印有限公司
经 销 者 各地新华书店
开 本 710×1000mm 1/16
印 张 9.25
字 数 133 千字
版 次 2020 年 12 月第 1 版
印 次 2020 年 12 月第 1 次
定 价 59.00 元
广告经营许可证 京西工商广字第 8179 号

中国经济出版社 网址 www.economyph.com 社址 北京市东城区安定门外大街 58 号 邮编 100011

本版图书如存在印装质量问题，请与本社销售中心联系调换（联系电话：010-57512564）

前 言

中国证券监督管理委员会2006年颁布的《上市公司证券发行管理办法》，新增加了以定向增发作为股权再融资方式。该规定实施后上市公司股权再融资从偏好配股融资和公开增发融资转向定向增发融资。2006—2012年，从上市公司再融资方式选择的对比分析发现，定向增发融资额占股权再融资总额的比例平均为80.5%，其中2012年定向增发融资额为3357.8亿元（股权再融资总额为3617.2亿元），占股权再融资总额的比例高达93%，而公开增发和配股融资额所占比例均小于5%。定向增发俨然已经成为上市公司股权再融资的主要方式。

我国从计划经济过渡到市场经济，现在虽然已初步建立了市场经济体制，但并不完善，仍然存在一些问题，如社会资源的分配由政府主导。企业作为经济的微观基础，分享社会资源、创造社会价值，必然与政府存在多方面的联系。由于企业需要的资源一部分由政府控制，因此就需要与政府产生互动，通过与政府建立关系可以更好地帮助企业获得政府分配的资源。而政府方面，也可以通过企业调节整体经济的发展水平。在资源获取方面，国有企业较民营企业具有一定的优势，能否获得所需的经济资源将直接决定企业的竞争能力，处于资源弱势的民营企业可以通过建立政府关系弥补这方面的劣势。作为股权再融资主要方式的定向增发，也将受到公司政治关联的影响。本书主要研究了政治关联对定向增发融资决策、宣告效应以及定向增发后的投资效率和企业长期业绩的影响。

本书的研究贡献主要有以下几个方面：①丰富定向增发领域的研究范畴，从政治关联角度提供研究结果。立足于中国特殊的制度背景，考察政治关联对定向增发融资的影响。本书从政治关联的角度研究上市公司定向增发的发行对象选择、短期宣告效应、投资效率及长期市场表现，更深入地了解我国上市公司定向增发融资行为，从这一视角研究，拓展了定向增发的研究内容。②拓展政治关联理论的研究视野，检验政治关联与定向增发融资的关系。探讨政治关联对企业定向增发的作用机理及影响路径，可以更深入地理解政治关联对企业融资的影响。将研究范围延伸到定向增发，这种极度受到追捧的股权再融资方式，丰富了政治关联对企业影响的研究。

本书研究发现，民营企业政治关联的建立从短期效应和长期表现来看，均会对公司产生有利的影响，体现了政治关联对民营企业的帮助作用和正面影响。书中得到的主要结论如下。

（1）在政治关联与定向增发融资决策的关系研究中，政治关联与证监会审核变量显著正相关，表明存在政治关联的企业更容易通过证监会的审核。存在中央政府政治关联的企业与证监会关系更紧密，更容易通过审核，而地方政府政治关联在审核阶段的作用相对较弱。存在政治关联的企业在进行定向增发时，大股东采用现金方式参与认购，表明其对企业看好。中央政府政治关联变量与大股东认购显著正相关，表明存在中央政府政治关联的企业选择定向增发时，大股东与关联股东会更多参与认购股份，中央政府政治关联变量与融资规模显著正相关，表明存在中央政府政治关联的企业能够获得更大的融资规模。研究结果显示，存在政治关联的民营企业更容易通过证监会审核，但想要获得更大的融资规模，就需要与证监会存在更紧密的关系，其中存在中央政府政治关联的企业与证监会存在更加紧密的关系，因此能获得较大规模的融资。

（2）在政治关联与定向增发短期宣告效应的研究中，政治关联和定向增发短期宣告效应显著正相关，表明存在政治关联的公司在进行定向增发时，市场有积极的反应。企业家的政治身份同时也在一定程度上反映了民营企业的规模与实力，发挥了信号传递的功能，有政治关联的公司定向增发的宣告效应好于无政治关联的公司。中央政府政治关联与定向增发短期宣告效应显著正相关，表明存在中央政府政治关联定向增发向市场传递的信息，是投资者认可的利好消息，民营企业建立政治关联是对企业有利的。

（3）在政治关联与定向增发后投资效率的研究中，政治关联与定向增发后过度投资显著负相关，表明在定向增发的公司中，政治关联可以抑制企业过度投资，减少企业非效率行为。建立政治关联的民营企业，在定向增发融资决策中募集资金投资更加高效，企业本身能够更好地识别投资机会。企业采用定向增发融资时，定向增发公司投资不足问题并不明显，政治关联对企业投资不足的影响不显著。在中央政府政治关联与地方政府政治关联对定向增发后公司投资的回归结果中，中央政府政治关联对定向增发后过度投资有显著的抑制作用，地方政府政治关联不影响企业过度投资。

（4）在政治关联与定向增发长期业绩及长期市场表现的研究中，政治关联与定向增发后三年的平均总资产收益率和净资产收益率显著正相关，这说明存在政治关联的公司定向增发后的业绩好于无政治关联的公司。考察政治关联对定向增发购买持有超额收益的影响，将有无政治关联的两组定向增发持有超额收益率进行差异分析，在持有期分别为 6 个月、9 个月、12 个月和 36 个月中存在政治关联的公司定向增发的 BHAR 均显著大于无政治关联的定向增发公司。根据 Fama-French 三因素计算定向增发累积超额收益（CAR），政治关联的公司在定向增发后 36 个月的平均月超额收益率为0. 65%，36 个月的累计超额收益率为 26. 22%，无政治关联的定向增发组合不存在显著的超额收益。因此，利用日历时间组合方法计算出存在政治关联的定向增发后 36 个月累计超额收益率显著为正，好于无政治关联的定向增发公司。

目　录

1 导 论

1.1 选题背景与研究视角

1.1.1 选题背景

我国的股权分置到2005年结束，上市公司非流通股份可以流通，实现了股份全流通。中国证券监督管理委员会颁布的《上市公司证券发行管理办法》从2006年开始实施，新增加了定向增发的股权再融资方式，上市公司股权再融资从偏好配股融资和公开增发融资转向定向增发融资。

该管理办法①自2006年5月8日起实施，鞍钢股份为新规定实施后的第一家定向增发公司，定向增发预案宣告时间为2006年2月23日。鞍钢股份定向增发对象为大股东，其主要目的是集团整体上市。表1-1、图1-1和图1-2是对2006—2012年上市公司再融资方式选择的对比分析，股权再融资方式分为定向增发、公开增发和配股。从统计数据中可以看出，定向增发融资额占股权再融资总额的比例平均为80.5%，2012年定向增发融资额为3357.8亿元（股权再融资总额为3617.2亿元），占股权再融资总额的比例高达93%，而公开增发和配股融资额所占比例均小于5%。

① 第30号《上市公司证券发行管理办法》已经于2006年4月26日由中国证券监督管理委员会第178次主席办公会议审议通过，自2006年5月8日起施行。

从分析数据来看，2006 年后定向增发成为上市公司股权再融资的首选，这与定向增发的特点有关，与其他股权再融资方式在发行的各个方面存在实质性的差异。

表 1-1　2006—2012 年上市公司股权再融资方式比较

年度	再融资总额 /亿元				再融资总额/当年融资总额		
	定向增发	公开增发	配股	总额	定向增发	公开增发	配股
2006	938.38	102.30	11.52	1052.21	89.18%	9.72%	1.10%
2007	2670.94	675.03	232.55	3578.52	74.64%	18.86%	6.50%
2008	1653.64	518.23	139.50	2311.37	71.54%	22.42%	6.04%
2009	2728.24	261.69	105.97	3095.90	88.12%	8.45%	3.42%
2010	3133.16	377.14	1487.62	4997.93	62.69%	7.55%	29.76%
2011	3588.45	288.79	372.56	4249.80	84.44%	6.80%	8.77%
2012	3357.80	115.47	139.51	3612.77	92.94%	3.20%	3.86%

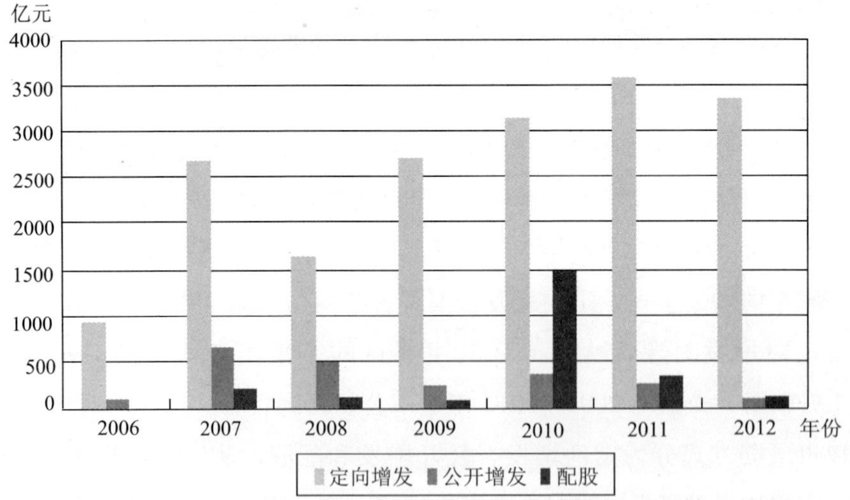

图 1-1　2006—2012 年上市公司股权再融资方式比较

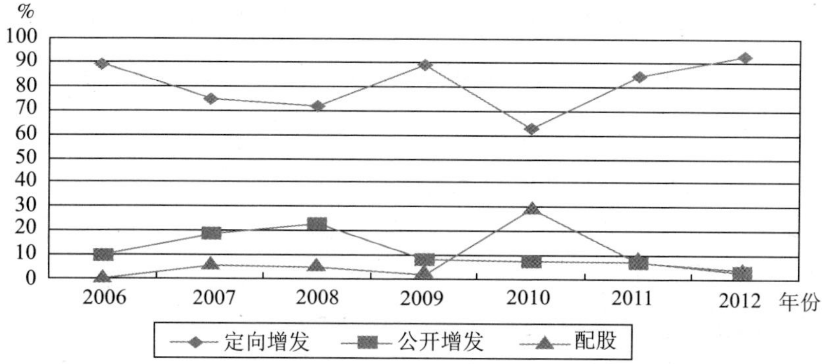

图 1-2 2006—2012 年上市公司股权再融资方式占融资总额的趋势

国际上的资本市场定向增发制度有所不同，主要可以分为注册制和审核制两种。在资本市场发展较成熟的国家多数为注册制，我国的资本市场由于发展尚未完善，仍使用审核制，即上市公司作出股权再融资决策后，需要经过证监会的严格审核并经批准授权后才可以发行股票，若没有通过发审委的审核和证监会的核准，则不能进行定向增发融资①。

我国是从计划经济过渡到市场经济的，从 1978 年开始，目前已初步建立了我国的市场经济体制。由于我国经济体制并不完善，仍然存在一些问题，如社会资源的分配由政府主导。因此企业作为经济的微观基础，分享社会资源、创造社会价值，必然与政府存在多方面的联系。由于市场机制的不完善，政府分配资源会导致企业竞争的不公平。获取资源处于相对劣势的民营企业，可以通过与政府建立关系弥补这方面的不足。

在资源获取方面，国有企业较民营企业更具有优势，民营企业获取融资资源、投资项目、政府补贴和制度审批等方面的难度较大，受保护的程度较低。能否获得所需的经济资源将直接决定企业的竞争能力，民营企业为了更好地发展可以寻找正式制度的替代机制，以得到政府分配的更多资源，与政府建立关系是一条重要渠道。近几年来，政治关联的研究受到了学者的关注，已有研究表明，民营企业存在政治关联的比例在 40%左右。

① 定向增发的融资程序一般为董事会决议—股东大会决议—发审委审核—证监会审核—股票发行。我国证监会设置有发行审核委员会，审核发行人股票发行申请。

民营企业通过与政府建立关系，可以获得更多资源，从而更好地发展公司。作为股权再融资主要方式的定向增发，必定是民营企业争取的资源，从政治关联角度探讨民营企业定向增发的相关问题，可以更深入地了解定向增发的相关影响因素，更全面地理解民营企业建立政治关联的影响范围。

1.1.2 研究视角

定向增发的已有研究多是从公司层面和资本市场层面来解释定向增发折价率和宣告效应的，如从公司治理、信息不对称、投资者情绪等角度的研究，而较少从制度环境角度研究定向增发融资行为。立足我国制度背景，从政治关联的角度研究上市公司定向增发的发行对象选择、短期宣告效应以及定向增发后的投资及长期市场表现，可以更深入地了解我国上市公司的定向增发融资行为。

对比定向增发与公开增发、配股的发行条件可以发现，定向增发的特点为：①对公司盈利能力没有要求；②对股利分配没有要求；③定向增发的发行对象不超过 10 名，即数量要求；④与配股相比，对发行股份数量没有要求；⑤认购方式为现金或资产，其他只能用资产；⑥发行价格为前 20 个交易日均价的 90%，与其他不同；⑦对关联股东（36 个月）和其余投资者（12 个月）有限售要求。除了上面与公开增发和配股的差异外，已有研究表明，定向增发的短期宣告效应也与公开增发和配股存在差异，定向增发预案公告日的短期效应为正，而公开增发和配股存在负的超额收益。定向增发折价率较低或溢价发行，不同于公开新增和配股的较高折价发行情况。

融资门槛较低的定向增发虽然是上市公司采用的重要方式，但是要经过证监会的审核，使定向增发不单纯是公司所能决定的事情。中国资本市场是一个新兴与转轨并存的市场，政府行为对资源配置有着重要影响，企业需要的资源一部分由政府控制，就需要与政府产生互动，通过与政府建立关系可以更好地帮助企业获得政府分配的资源。而政府方面，也可以通过企业调节整体经济的发展水平。

在资源获取方面，国有企业较民营企业更具有一定的优势，能否获得所需的经济资源将直接决定企业的竞争能力，处于资源弱势的民营企业可以通过建立政府关系弥补这方面的劣势。作为股权再融资主要方式的定向增发，也将受到公司政治关联的影响。基于此，本书选取政治关联的研究视角，研究政治关联对定向增发融资行为的影响，具体研究政治关联对定向增发融资决策、宣告效应的影响，以及定向增发之后公司的投资效率和业绩与政治关联的关系。

1.2 研究内容与研究意义

1.2.1 概念界定

定向增发是指上市公司向符合条件的少数特定投资者非公开发行股份的行为，规定要求发行对象不得超过 10 人，发行价不得低于公告前 20 个交易市价的 90%，发行股份 12 个月内（认购后变成控股股东或拥有实际控制权的 36 个月内）不得转让。按照《中华人民共和国证券法》的相关规定，定向增发又称为“非公开发行”，类似于国外私募发行融资的方式，即上市公司向特定对象而不是全体投资者发行股票的行为。

定向增发向特定投资者发行股份，根据发行对象的性质，主要有大股东、关联股东和机构投资者。根据具体的公司定向增发对象，可以选择的方式主要有：大股东及关联股东参与、只有机构投资者参与、既有大股东及关联投资者又有机构投资者参与。只有大股东及关联股东参与多涉及资产重组、资产注入和整体上市。机构投资参与大多成为战略投资者或募集资金。定向增发募集资金的用途主要为满足新的投资项目需求和补充公司流动资金。大股东参与认购定向增发股票，可以用现金和资产两种方式认购，其他投资者只能以现金认购，不能用资产认购定向增发股票。

政治关联具体体现在公司与具有政府背景的官员所建立起来的紧密联系上。本书将研究公司董事长及总经理曾任或现任人大代表、政协委员及政府官员对公司定向增发行为的影响。具体衡量指标为有无政治关联、有无中央政府政治关联和有无地方政府政治关联。

有无政治关联，结合中国的实际情况，以高层管理人员（董事长和总经理）曾任或现任人大代表、政协委员及政府官员的经历衡量。若有此经历，为存在政治关联；若无此经历，为无政治关联。

有无中央政府政治关联，以高层管理人员（董事长和总经理）曾任或现任全国人大代表、全国政协委员及中央政府官员的经历衡量。若有此经历，为存在中央政治关联；若无此经历，为无中央政府政治关联。

有无地方政府政治关联，以高层管理人员（董事长和总经理）曾任或现任地方人大代表、地方政协委员及地方政府官员的经历衡量。若有此经历，为存在地方政治关联；若无此经历，为无地方政府政治关联。

1.2.2 研究内容

本书从政治关联角度研究定向增发融资决策、宣告效应以及定向增发后的投资效率和企业长期业绩。第 1 章和第 2 章是本书的基础部分，为本书的概述和理论基础。接下来按照定向增发的不同阶段，研究不同阶段政治关联对定向增发融资行为的影响。第 3 章研究政治关联对定向增发融资决策的影响。第 4 章研究选择定向增发的样本公司中，政治关联对其短期宣告效应的影响。第 5 章研究政治关联对定向增发后投资效率的影响。第 6 章考察定向增发后政治关联与公司业绩和长期市场反应的关系。第 7 章为结论，本书结构如图 1-3 所示。每章具体内容如下：

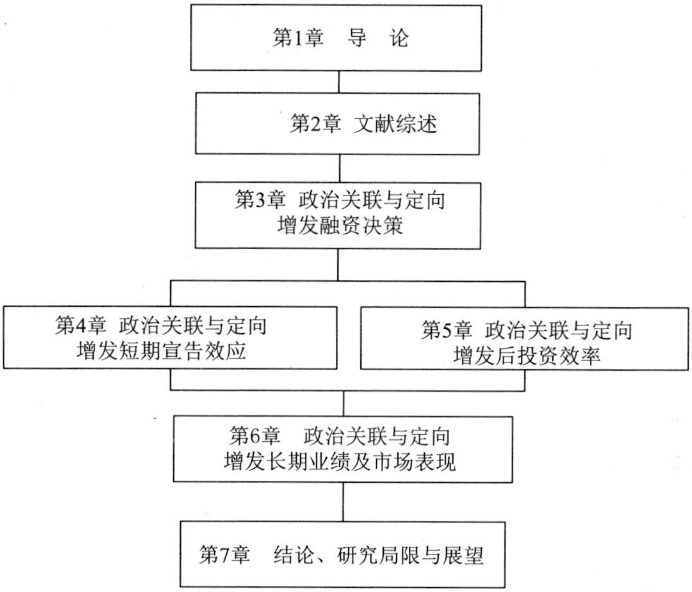

图 1-3 本书研究框架

第 1 章 导论。对本书的选题背景和研究内容等基础问题进行概述。

第 2 章 文献综述。主要从定向增发、政治关联和政治关联与股权融资三个方面对相关理论进行了梳理和总结，对现有文献进行评述，指出对政治关联与定向增发融资行为的已有研究中存在的不足，引出本书的研究内容。

第 3 章 研究政治关联与定向增发融资决策的关系。检验政治关联对定向增发通过证监会审核的影响；定向增发时，若公司存在政治关联，分析大股东是否参与认购；分析政治关联与定向增发融资规模的关系。

第 4 章 分析定向增发时，政治关联民营企业的短期宣告效应如何。考察有无中央和地方政治关联的企业选择定向增发时，短期宣告效应是否有差异，以及具体的影响关系。

第 5 章 探讨政治关联与定向增发后投资效率的关系。研究定向增发后，政治关联对过度投资和投资不足的影响。

第 6 章 考察政治关联对定向增发长期业绩及市场表现的影响。从会计业绩和长期市场表现两方面，研究政治关联对定向增发的长期影响。

第7章　结论部分。主要包括研究结论、局限性及未来研究的展望。

1.2.3　研究意义

研究政治关联对定向增发融资的影响，具有理论和实践两方面的意义。

1.2.3.1　理论意义

（1）丰富定向增发领域的研究范畴，从政治关联角度提供研究结果

立足中国特殊的制度背景，考察政治关联对定向增发融资的影响。关于定向增发融资的研究，多是从公司层面解释定向增发折价率和宣告效应，较少有从外部环境层面研究定向增发融资行为，即通过建立政治关系，改善政府这个外界环境对企业的影响。本书从政治关联的角度研究上市公司定向增发的发行对象选择、短期宣告效应、投资效率及长期市场表现，更深入地了解我国上市公司的政治关联如何影响定向增发融资行为，丰富了定向增发的研究内容。

（2）拓展政治关联理论的研究视野，扩展对定向增发融资的影响

上市公司的融资包括股权融资和债权融资，已有大量文献研究政治关联与企业债务融资的关系，与股权融资的关系受到了越来越多学者的关注，作为股权再融资主要方式的定向增发却还未被关注到，未有政治关联对定向增发融资行为影响的研究。在中国资本市场上，融资门槛较低的定向增发是上市公司采用的重要再融资方式，定向增发行为实行审核制，要经过证监会的审核才能发行，因此定向增发不是公司单纯能决定的事情。研究政治关联对上市公司定向增发的作用机理及影响路径，可以更深入地理解政治关联对企业融资的影响。将研究范围延伸到定向增发——这种上市公司股权再融资的首选方式，提供了政治关联对企业影响研究的新路径。

1.2.3.2 实践意义

(1) 为民营上市公司的经营发展和股权再融资决策提供了理论依据

民营上市公司相对于国有企业在经营发展中各方面的障碍较多，获取资源相对困难。2006 年后，定向增发成为上市公司股权再融资的主要方式。需求资源的获得与否直接影响着企业的正常发展，与政府建立一定的关系可以更加顺利地通过证监会审核，有利于企业获得定向增发资源，为融资资源紧缺的公司与处于成长期的民营企业提供了新的方法和思路。其对企业长期业绩的影响，也可以作为是否需要建立政治关系的考虑。

(2) 为投资者提供了新的研究指标

对于二级市场交易的投资者，面对公告定向增发的上市公司时，对定向增发宣告效应和长期业绩的分析，可以作为投资者投资的价值考量。不管是否投资定向增发公司，投资者都更加关心投资收益，无论是短期的宣告效应还是长期业绩表现，都是不同投资偏好投资者选择的依据。本书发现，存在政治关联的民营企业定向增发不管是短期宣告效应还是长期市场表现都好于无政治关联的企业。投资者可以通过分析对信息进行及时的收集和处理，可以规避投资风险，为选择正确的投资对象提供现实依据。

1.2.4 研究方法

本书将综合使用公司财务、资本市场理论及制度经济学等相关学科所采用的前沿研究方法，以大样本实证研究为主，根据研究需要还涉及规范研究、分析式研究等方法。实证研究时，采用多元回归分析法、事件研究法、Logistic 模型、购买持有收益法等。各章具体研究政治关联对定向增发的影响使用到的研究方法主要有以下几方面。

第 2 章主要采用规范分析的方法，梳理国内外有关政治关联与定向增发的相关文献。

第 3 章采用 Logistic 模型和多元线性回归模型，研究政治关联对定向增发审核通过、定向增发认购对象和定向增发融资规模的影响。

第 4 章主要采用事件研究法和多元回归的方法，通过事件研究法计算定向增发的短期宣告效应，用多元回归检验政治关联对短期宣告效应的影响。

第 5 章主要采用多元回归的方法，通过预期投资模型计算定向增发样本的投资效率，之后回归政治关联对定向增发样本投资效率的影响。

第 6 章主要采用 BHAR 和日历时间模型（FF 三因素模型）计算定向增发样本长期市场的超额回报率，使用 BHAR 计算定向增发样本购买持有的超额收益率，通过日历时间模型（FF 三因素模型）分别计算定向增发组合、存在政治关联的定向增发组合和无政治关联的定向增发组合的超额回报率。

1.3 研究创新

（1）拓宽了定向增发的研究视角

定向增发是公司重要的融资决策，受到公司治理、股权结构、公司特征等微观因素的影响。政治关联是公司董事长和总经理的身份特征，与政府建立关系，与涉及公司的外部政府环境相连接，增加了定向增发的研究视角。深入研究政治关联对定向增发的影响，拓宽了定向增发的研究范围，综合了企业内外部环境对公司融资决策的影响。

（2）丰富了定向增发的研究内容

已有文献主要研究定向增发选择后的定价、短期宣告效应和长期业绩，本书研究了定向增发的选择，从政治关联角度分析采用审核制的定向增发审核时政治关联的作用，以及定向增发对象的参与和选择行为。定向增发作为融资渠道会直接或间接影响企业投资，增加了定向增发对企业价值影响的新路径，拓展了定向增发研究链条。

（3）给出了政治关联对企业影响的新路径

企业与政府建立联系的现象在我国普遍存在，已有研究涉及政治关联对融资、投资、运营等方面的影响，其中关于对融资的影响多数围绕债务融资进行，少有对股权融资的探讨。2006 年，定向增发开始成为多数上市公司选择的股权再融资方式，分析政治关联与定向增发融资的关系，更加拓展了企业价值所受到的政治关联的影响，成为政治关联与企业价值关系的新中介桥梁，可以更深入地理解政治关联对企业价值的影响。

2 文献综述

本章回顾国内外关于定向增发和政治关联的已有研究，首先关于定向增发文献，从定向增发选择、定向增发宣告效应、定向增发长期业绩三个方面，以及融资对投资影响的文献进行梳理；关于政治关联文献，从政治关联的度量、政治关联的正面作用、负面作用三个方面进行梳理，其次整理与研究内容关系紧密的政治关联对股权融资的影响文献，最后对已有文献进行评述，引出本书研究的切入点。

2.1 定向增发文献综述

从2006年开始，中国上市公司股权再融资多数选择定向增发，理论界和实务界越来越关注定向增发。定向增发又称非公开发行，类似于国外的私募发行，国内外已有相关研究对此关注。下文对定向增发的相关研究进行了梳理，以明确研究现状。

2.1.1 定向增发选择研究

《上市公司证券发行管理办法》于2006年5月8日颁布并实施，成为所有上市公司股权再融资的途径（李福祥，2006）。

对于股权再融资的选择，邓路（2010）概述了中国上市公司股权再融资的制度演进，论述了三种主要融资方式的采用时间和发展，及其发行条件相关约束制度一步步的发展过程，之后对比分析定向增发与公开增发的差异。周勤业和刘宇（2005）指出通过定向增发进行融资有利于公司的发展，但在定向增发定价和认购资产质量的评估以及再融资审核方面存在问题，并提出了建议。Leland 和 Pyle（1977）指出为保持控制权和获得更大收益，若公司有好的投资项目需要融资时，原有大股东会选择定向增发，以防止降低控制权比例。通过参与公司定向增发，还可以分享好的投资项目未来获利时的收益，而公开增发不能为原有大股东带来这些收益。Myers 和 Majluf（1984）从信息不对称的角度进行研究，认为由于信息的不对称，公司价值可能被高估或低估。当公司机制被低估时，会选择定向增发，传递给市场好的信息，而公开增发一般传递给市场负面信息。Wruck（1989）发现定向增发的参与者为机构投资者时，作为掌握信息较多的投资者，机构投资者能够对公司之后的经营进行监督，减少管理层的代理问题。当上市公司选择定向增发时，黄建中（2007）认为定向增发的股价折扣率低，损害了老股东的利益。新股是有收益的，尤其在有融券做空的情况下。董事会权力过大无监管时，是大股东利益的代表。他从定价基准日和董事会权限边界两个方面提出了相应建议。张鸣和郭思永（2009）认为定向增发是因为大股东要掏空公司，侵占中小股东的利益。

对于定向增发发行对象的研究，针对大股东及关联股东参与认购，李福祥（2006）指出了上市公司非公开发行股票存在三方面问题：母公司以低质量的资产参与定向增发、定向增发价格的确定存在问题、机构投资者参与认购降低公司价值。并且，提出了针对性建议：建立关于认购资产质量的财务顾问制度与补偿机制，加强发行定价保荐制度，对特定对象的行为动机进行区分、限制与监督，适当强化信息披露制度。机构投资者是定向增发主要的参与者，对其参与定向增发制度规定有 12 个月的限售期。田艺等（2006）认为机构投资者参与定向增发时，由于股份实现了全流通，所有股东的利益诉求为实现股票价值最大化，机构投资者作为外部股东可以监督公司管理层，使得公司运行更加有效，会提升企业价值。Wruck（1989）研究发现机构投资者及关联股东认购定向增发股份可以向市场传递正面信息，降低公司的信息不对称，使投资者认购公司价值被低估。有的研究认为大股东与关联股东参与认购会掏空公司，减少企业经营业绩。黄建中（2006）指出当定向增发对象仅为大股东及关联股东时，采取资产认购方式，以低质量、高股价的资产认购公司股份，将会增加关联股东的利益而侵害中小股东的利益。杨靖（2010）主要从控股股东的利益角度分析定向增发，指出控制股东参与认购是为了增加控制权，控股股东通过确定增发价格获得利益，通过资产认购、资产评估机构高估资产增加收益。

此外，已有研究在分析定向增发时，将定向增发进行了分类研究。方勇华（2008）根据定向增发的认购方式不同，将其分为资产并购型与财务型以及二者结合型。邓路和黄欣然（2009）用案例分析中国船舶资产注入的定向增发。章卫东和李海川（2010）认为当注入相关资产的账面价值占注入资产账面价值总和的50%以上时，即将资产注入类型视为资产相关资产。

2.1.2 定向增发定价研究

国内外定向增发均存在折价现象，许多学者进行了相关研究。所谓定向增发折价，是指定向增发的发行价格低于股票市场当时交易的价格，之间的差异就是折价的大小（徐斌、俞静，2010）。文献中，学者认为存在公司定向增发折价的原因有监督成本、限制性流动、投资者情绪等几个方面的影响。

（1）弥补监督成本。Wruck（1989）认为折价是对投资者监督企业经营的成本弥补。当投资者参与公司私募发行时持有私募发行公司的股权，为了获得更多股权收益，投资者会监督企业的经营和融资的使用以及投资项目的效率，而这些都要花费投资者成本，私募折价发行是给投资者提供的补偿。

（2）股份不能流动的补偿。私募发行股票时，一般要求参与的投资者在一段时期内不能转让和出售股票。Silber（1991）研究发现不能流动减少了投资者的流动收益，折价发行可以补偿投资者损失的流动收益。关于锁定期对定向增发折价的影响，Longstaff（2001）研究了锁定期与流动性的关系，结果表明，若存在锁定期则会产生流动性的折价。Merton（1969；1971）最先研究了流动性对资产定价的影响，发现资产价格的确定在很大程度上受到其流动性的影响，流动性受到的限制越大，价格相对折扣就越大（Aiyagari and Gertler，1991；在类似的研究问题上，Browne（2003）也得到了相同的结论。相关研究采用中国上市公司法人股的数据，Chen 和 Xiong（2001）研究了中国非流通股份的限制要求，认为法人股存在折价交易。Amihud Mendelson（1986）的研究也赞同资产定价研究中流动性与资产价格的正相关关系。同样的结论也适用于中国定向增发研究。

（3）获取信息成本补偿。Hertzel 和 Smith（1993）认为在资产市场上存在上市公司所有者与投资者信息的不对称，上市公司内部人更了解公司的经营和发展状况，而二级市场投资者相对处于信息弱势，对公司的信息掌握得较少，产生了信息不对称。当公司在资本市场进行融资时，投资者就没有充足的信息，不能够给出合适的定价，为研究公司的经营状况和募集资金投资项目的具体情况，需要花费成木对公司的相关情况进行调查，那么当投资者决定参与认购时，价格折扣可以看作对其调查的弥补。当公司情况复杂，要掌握公司情况需要花费更多的成本时，投资者往往要求更多价格折扣（Hertzel and Smith，1993）。Rock（1986）指出，信息不对称时，拥有较少信息且成功认购的投资者认购的股份价格偏高，收益偏低，即所谓的“赢家诅咒”。当这种现象发生时，信息较少的投资者会退出认购市场，为了防止投资者的退出以及无人认购的状况发生，一般情况下市场发行股份时会给予投资者一定的折扣，从而达到成功发行的目的。在相似问题的研究中，Beatty 和 Ritter（1986）研究了信息不对称对发行股票价格的关系。结果表明，当公司价值的情况复杂、发展状况不确定、信息披露不充分的时候，一般投资者掌握的信息越少，为了吸引更多的投资者，越应该提高股票的折价率。

（4）维持控制权。定向增发股份时若大股东不参与认购，就会稀释原有股东的控制权。若想维持原有控制权，可以选择消极的投资者参与认购股份。作为补偿，对其发行价格给予折扣，这样既可以发行股份，又可以维持原有控制权不受影响（Barclay et al.，2007）。

（5）投资者情绪假说。近些年，心理学与金融学的结合研究成为热点，主要内容为行为金融学。资本市场上投资者的心理和预期直接影响着股票发行的价格。投资者心理的外在衡量指标可以使用投资者情绪：一般情况下，若投资者情绪较高，对市场较乐观时，会推高股票价格，高估公司价值；若投资者情绪较低时，会降低股票价值，低估公司价值。长时间后，价格会趋于正常。Hertzel 等（2002）从投资者情绪角度研究私募发行折扣，当公司宣告私募发行时，投资者情绪较高，会高估公司价值，参与认购的投资者会认为股价被高估，因此公司要折价发行。而由于发行时股价的高估，公司的业绩通常表现不佳，发行折扣可以看作对之后市场表现不佳的补偿。在同样相关的研究中，徐斌和俞静（2010）研究了投资者情绪对定向增发折价的影响，认为投资者情绪提高了定向增发的折扣。

（6）投资者身份影响。章卫东和李德忠（2008）认为折价率与投资者类型有关，非关联投资者由于缺乏信息，对定向增发公司的投资项目以及现金流情况不能全面了解，当关联投资者不参与认购时，他们会认为公司的前景不好，定向增发公司因此需要以更低的发行价格增发。同时，也存在成本补偿假说的可能性，非关联投资者需要调查成本和监督成本，要求定向增发的发行价格折扣更高，以弥补成本。此外，还有一种解释认为存在大股东侵占假设，大股东和关联股东为获取更大收益会压低发行价格。黄建中（2007）认为，以较低价格定向增发股份时，尤其是只有大股东参与认购时，为了获得更大利益，大股东可能在定向增发前传递坏消息，以负向盈余管理等方式降低公司价格，使定向增发以较低的价格发行，大股东的认购成本降低。大股东存在利益侵占，也会影响定向增发价格。朱红军（2007）采用案例研究方法，具体分析了驰宏锌锗定向增发中大股东的利益输送。张鸣和郭思永（2009）研究了大股东对定向增发的影响，结果表明，当存在大股东侵占获取私利时，定向增发折价发行且价格较低。王志强等（2010）研究了大股东及关联股东参与定向增发时存在的关联交易与利益输送。

（7）扩大股本。我国正处于经济转轨期，相关股权融资的制度背景与国外其他国家存在差异。根据我国资本市场的基本情况，已有研究发现扩大股票的偏好是我国上市公司普遍存在的现象（肖泽忠、邹宏，2008）。李健元（2007）也发现了此现象的存在。彭韶兵和赵根（2009）认为我国上市公司普遍存在做大公司规模的现象，偏好更多的股权融资从而扩大股本。而上市公司为了顺利发行股本，通常降低价格以吸引更多的投资者参与认购，从而成功发行股票。选用2006—2007年的定向增发公司，研究定向增发中大股东的利益侵占，得出的结论为：大股东参与认购，定向增发低价发行，大股东认购成本低，在增加控制权的同时获得了更多收益。

2.1.3 定向增发短期宣告效应

上市公司定向增发融资决策在资本市场宣告后，投资者会根据不同公司的情况给予不同的反应。由于制度的不同，各国定向增发的短期宣告效应有较大的差异。相关文献中，Wruck（1989）研究了美国上市公司的私募发行短期宣告效应。公司私募发行时，由于是对特定投资者进行，增加了股权集中度，主要股东的利益也成为追求公司利益最大化。新增加的投资者对公司经营有监督作用，可以促进公司更好地发展，因此市场给予了积极的反应。Myers 和 Majluf（1984）提出公司选择股权融资时，可以根据信息不对称的程度选择不同的融资方式。之后的研究者从信息不对称角度研究了定向增发的影响，Hertzel 和 Smith（1993）指出当资本市场上公司价值被低估时，公司会选择定向增发。投资者收到公司定向增发的消息时，了解到其被低估后会提高对公司的股价，且一般定向增发会伴随着良好的投资机会。融资规模和增发比例越多，良好的投资机会越多，企业的发展前景越好。Shleifer 和 Vishny（1986）研究公司定向增发时指出，公司通过向特定的对象进行定向增发，在获得大量股权融资的同时，还能增加外部持有较大持股比例的投资者。新增的投资者成为监督公司经营的新的力量，通过监督和参与决策，可以促进企业更好地发展，获得更大的价值提升。此企业决策同样会得到资本市场上投资的认同，获得市场正面的回应。Demsetz 和 Villalonga（2001）通过研究也得出了同样的结论。

由于各国定向增发制度的差异，其他国家的定向增发短期宣告效应与美国的定向增发短期宣告效应相比，存在不一样甚至相反的研究结果，即有些国家的定向增发短期宣告效益是负的，市场给予了消极的反应。有学者选取了新加坡的上市公司为样本，新加坡的制度规定大股东及关联股东不能参与认购定向增发股份。Chen 等（2002）研究了定向增发短期宣告效应，认为当公司选择定向增发融资时，公司的大股东和关联股东的持股比例被稀释，控制权减少。当大股东控制权比例偏少时，存在侵占公司利益的可能。故当公司宣告定向增发时，市场出现负的短期宣告效应。相应地，在日本的资本市场，Kato 和 Schallheim（1993）分析了定向增发的短期宣告效应，结果显示定向增发宣告当天存在正的宣告效应，但是在宣告后时间越长，宣告效应越小。同样是亚洲的资本市场，选用中国香港股市数据，Wu 等（2005）研究了私募发行的宣告效应。在实证分析中发现，定向增发存在显著为正的超额收益。同时深入探讨了信息不对称与短期宣告效应的关系，以规模和成长性衡量企业信息不对称程度，发现信息不对称程度与定向增发短期宣告效应正相关。研究新西兰资本市场中的私募发行时，Anderson 等（2006）的分析结果为：在新西兰，定向增发宣告不存在显著为正的宣告效应，但是检验宣告之前的超额收益发现，宣告日之前市场上有正的宣告效应，表明定向增发在宣告之前发生消息泄漏，市场提前产生了正的反应。同样的现象也出现在英国，Renneboog 等（2007）检验了英国定向增发的短期宣告效应，结果表明，显著为正的短期宣告效应在定向增发宣告之前存在，但是与新西兰市场存在差异，结果中正的宣告效应存在于定向增发宣告日，定向增发价值被低估可能是其原因之一。

除了立足于不同的政治背景研究定向增发的短期宣告效应外，学者也从不同视角进行了研究，如投资者情绪、认购对象等角度的研究。Marciukaityte 等（2005）从投资者情绪角度对定向增发短期宣告效应进行了研究。结果显示，当企业定向增发时，资本市场的投资越是乐观的，那么定向增发的短期超额收益越大；长时间后，投资者情绪趋于稳定，定向增发之后的表现会慢慢变差。

定向增发认购投资者不同，传递给投资者的信息不同，选择定向增发的上市公司的宣告效应也存在差异。许年行等（2008）指出，研究信息不对称的基础理论是信号理论。信息不对称理论认为，企业内部人比外部的投资者更了解企业的经营状况，掌握更多的企业相关信息，也更了解企业具体的投资决策、融资决策、资本运营等信息。当公司选择资本市场融资时，信息不对称程度会影响股份发行，与外部融资难度正相关，因为投资者掌握的信息越少，越谨慎参与认购公司发行的股份，市场反应越消极（Myers and Majluf，1984）。章卫东（2007）研究认为，我国资本市场未实现全流通时，大股东为了获得私利，存在通过股权融资圈钱的现象，但是股份实现全流通后，大股东利益与公司利益趋同。当定向增发参与者有大股东时，大股东通过现金认购可以给公司注入资金；大股东以资产认购定向增发股份时，会用优质资产促进企业更好地发展，增强企业的竞争力。若是机构投资者参与认购定向增发股份时，其作为外部监督者可以更好地督促管理层高效经营公司，提升公司价值。因此，定向增发存在正的超额收益。章卫东和李德忠（2008）检验了定向增发折扣与短期宣告效应的关系，研究结果表明，定向增发折扣率越大，短期宣告效应越小。

另外，田艺等（2006）用较少的样本研究了我国的公司进行定向增发时的短期宣告效应。魏立江和纳超洪（2008）指出，由于定向增发价格基准日的规定，定向增发价格不低于定价基准日前 20 个交易日的 90%，为了以更低价参与认购定向增发股份，公司价格会在定向增发前被打压，研究结果发现，董事会预案公告前存在负的短期宣告效应。同时，定向增发可以有战略投资者的参与，以及制度对限售期的规定，定向增发后，市场会给予积极的回应，产生正的宣告效应。研究公开增发和定向增发的短期宣告效应时，刘力等（2003）发现定向增发有显著为正的短期超额收益，与之相反，公开增发宣告后存在负的超额收益。类似的研究还有，章卫东

(2007) 比较了公开增发和定向增发公告的超额收益，认为其会影响上市公司股权再融资决策。也有学者研究发现，定向增发在证监会审核之后的短期宣告效应不显著甚至为负，但在证监会审核之前存在显著为正的宣告效应，这说明了投资者对定向增发的积极反应和看好（戴爽，2007）。

2.1.4 定向增发长期宣告效应和经营业绩

定向增发融资后，企业获得募集资金投资预期项目和公司经营，公司的长期发展和长期业绩表现如何，对企业的定向增发决策和投资者的投资决策具有重要意义。Marciukaityte 和 Szewczyk 等（2005）结合投资者情绪，检验了定向增发之后的长期市场表现，分别计算了之后 3 年和 5 年的长期超额累计收益，均为负数，并进一步研究了其中原因，认为定向增发时投资情绪越乐观，时间越长，市场表现越不好。Hertzel 等（2002）检验了美国私募发行的长期表现，样本时间为 1980—1996 年。通过选取配对样本，选取指标为公司规模与账面市值比，以配对样本收益率为基准，计算了定向增发后 3 年的持有收益率，结果显示，定向增发后的持有收益为负。另外，选取会计业绩指标分析定向增发对长期业绩的影响，首先分析了定向增发 ROA 的变化，ROA 是经过行业调整后的数据。定向增发前后 6 年的 ROA 均小于零，对比定向增发前后的总资产收益率，结果发现定向增发后的总资产收益率较低。针对美国资本市场，Chou 等（2009）研究了定向增发后公司的长期表现。以 Q 值为分类标准，将私募发行公司分为高、低 Q 值两组数据，结果发现，高 Q 值组的长期市场表现不佳，但低 Q 值公司不存在长期业绩变弱的问题。Chou 和 Gombola 等（2009）通过结果分析认为高 Q 值公司的长期市场表现不佳，可能受到了当时私募发行时投资者过度乐观的影响。

同样，国内学者也对我国上市公司的长期市场进行了分析和探讨。李菊（2009）的研究结果显示，进行定向增发的公司，若大股东参与认购，通过优质资产注入可以提升公司价值；机构投资者参与认购时既会监督企业经营，也会促进公司发展。邓路等（2011）采用我国上市公司定向增发样本，检验了定向增发后3年的长期业绩和市场表现。衡量长期市场表现时使用了购买持有超额收益方法和日历时间组合法，计算和回归得出的定向增发2年后的长期市场表现显著为正，得到了与美国市场不一样的结果。检验长期会计业绩时，通过选取配对样本对比分析后发现，定向增发公司业绩较好。长期业绩和长期表现好，表明了定向增发宣告是市场反应不足。

与定向增发长期市场表现相关的文献中，已有研究检验了中国股权再融资的长期市场表现。研究对比了增发和配股与股票市场价格的关系，通过与短期宣告效应的对比发现，增发效应较配股效应差。进一步研究增发与配股的长期表现发现，配股样本的市场表现较好。对配股融资方式的研究中，毛小元等（2008）选取了中国配股公司数据，运用日历时间模型方法检验了配股后的股票长期市场表现。结果显示，多数是大公司选择配股融资，配股后长期市场表现弱势，与IPO后股票长期弱势的现象相一致。

衡量定向增发后的长期表现，既包括长期市场表现，也包括定向增发后的长期业绩。与之相关的研究为股权再融资长期会计业绩的变化。陆正飞和魏涛（2006）检验了配股后的会计业绩，由于配股融资有盈利能力硬性条件的规定，企业为了获得配股资格，在配股之前会进行盈余管理，使配股后的业绩显著降低。杜沔和王良成（2006）分析了配股后的长期业绩，选取指标为总资产经营活动收益率，从两个维度进行了检验：一是分析配股前后公司业绩的差异，结果表明，配股后业绩低于配股前业绩；二是选取配对样本进行对比分析，得出的结论：配股公司总资产经营活动收益率的下降幅度大于无配股公司。已有文献均认为公司股权再融资后长期业绩变差，但就其原因众说不一。

对定向增发后长期业绩和长期市场表现进行深入分析后，学者针对不同的认购对象，研究了长期宣告效应和长期业绩的差异。Krishnamurthy 等（2005）根据私募发行对象的特征以及与公司的关系，把参与认购私募发行股份的投资者分为关联投资者与非关联投资者，研究发行对象对私募发行长期市场表现的关系。结果得出：关联投资者与定向增发长期市场表现正相关，说明关联投资者更了解公司的运营情况，当关联投资者参与私募发行时，表明其更加看好企业的长期发展。但非关联投资者参与认购时，不存在显著的长期受益，说明相较于关联投资者，非关联投资者获得的是市场一般信息，长期来看，其参与私募发行并不会带来显著的长期超额收益。机构投资者是定向增发重要的发行对象，结合机构投资者已有的相关研究，认为其对企业经营有监督作用，且相对一般投资者而言掌握了更多企业信息，能够更清楚地区分公司的经营状况，Hertzel 等（2006）研究了机构投资者持股比例与私募公司长期表现的影响，从长期市场表现和长期会计业绩两方面进行了分析。结果表明，机构投资者持股比例变化与私募发行公式长期业绩正相关，与长期市场表现正相关。验证了机构投资的监督作用和信息优势的相关研究结论（Gibsona et al.，2004）。

已有文献中关于长期表现的时间界定并不完全相同，有选用 3 年的、5 年的等。选用 3 年的已有文献有：Ritter（2003）最先研究了首次公开发行的长期市场表现，选取的时间为公开发行后的 3 年。Hertzel 等（2002）检验了私募发行的长期市场表现，分析了私募发行后 3 年的长期超额收益率。Binett 等（2006）分析了银行贷款后 3 年的长期市场反应。国内研究中，既有文献用 3 年作为长期的衡量时间段（王磊彬，2010），也有学者为研究更长时间的长期市场表现，选用事件发生后的 5 年期时间。Spiess 和 Affleck-Graves（1995）研究了公开债务融资后的长期表现，认为公开债务融资包括公司债券和可转换债券，研究期间是融资后的 5 年时间。除以上单独用一个长期的衡量时间段之外，还有文献同时选用了 3 年和 5 年两个长期的衡量时间段。新股发行长期弱势的研究采用两个时间段分别衡量（Loughran and Ritter，1995）；研究股权再融资的分别计算了 3 年和 5 年两个长期的市场表现（Spiess and Affleck-Graves，1995）。

2.1.5 融资与企业投资

在不考虑代理成本和信息不对称的情况下，企业不会受到资金约束的影响，有效的投资为投资项目净值大于零。但是，在企业经营的实际环境中，代理成本和信息不对称都是普遍存在的。由于信息不对称的存在，内部人比外部人掌握了更多信息。在此基础上，顺序融资理论认为，企业融资会首先使用内部资金，之后才是外部融资。由于外部融资成本较高，内部资金会限制企业的投资支出，若内部资金不足，外部融资又无法取得时，投资将无法进行；若有充足的内部资金，可以顺利投资，则产生了投资与现金流敏感性。相关文献关注了融资约束对投资现金流敏感性的影响。Fazzari 等（1988）检验了融资约束与现金流敏感性的关系，以股利支付率为指标衡量企业外部融资成本的依据，若股利支付率大，融资成本高，则为受到融资约束的企业；若股利支付率小，外部融资成本低，则企业不受融资约束。通过回归和差异分析，检验了融资约束对现金流敏感性的影响，结果显示，企业融资受到约束时，投资现金流敏感性高。在对日本企业进行了相关检验后，Hoshi 等（1991）发现了公司投资与融资约束的关系。日本企业有其自身特点，银行持股现象比较普遍，根据这一研究背景，其将企业分为主办银行系列企业和独立企业。当为银行系列企业时，银行可以为企业提供融资资源，企业的代理和信息不对称减少，降低了融资约束与投资现金流敏感性；当为独立企业时，其融资约束、信息不对称并未减少，相比银行系列企业有更高的投资现金流敏感性。Chapman 等（1996）利用澳大利亚数据检验了融资约束对现金流敏感性的影响。Goergen 和 Renneboog（2001）针对英国资本市场进行了相同的检验。Shin 和 Park（1999）等分析了韩国上市公司融资约束与投资的关系。

由于各国的发展水平不一致，除上面已有对经济水平高的国家的研究外，也有大量文献研究了发展中国家的融资约束对投资的影响。我国处于市场经济体制改革阶段，企业投融资各方面有其本身的特征，发达国家存在融资约束对投资现金流敏感性，中国的情况可能不一样。可以通过中国的上市公司数据检验企业投资对现金流的敏感性（Fazzari et al.，1988），国内学者虽然已经做了相关研究，但得到的结论并不一致。有些研究认为投资现金流敏感性存在于中国企业，Chow 和 Fung（1998）根据中国上市公司的性质，将企业分为四种类型，对比检验了现金流对企业投资的影响。结果显示，投资现金流敏感性在私有公司里最明显，由于国家对国有企业的帮扶作用大，而私有企业融资受到的约束多、得到的保护少，故其投资现金流敏感性更高。也有研究得出的结论与 Fazzari 等的观点并不一致。郭丽虹和金德环（2007）将企业分为融资约束强、弱两组，划分指标为 Q 值和资产负债率，结果显示，融资约束程度与投资现金流敏感性不存在显著的正相关关系。同样地，连玉君和程建（2007）选用了不同的指标划分融资约束程度检验投资现金流敏感性，结论显示，投资现金流敏感性高的企业反而是无融资约束的公司。

关于投资的文献主要包括信息不对称和代理理论两个方面，具体体现为研究企业融资和现金对投资的影响。一般非效率投资分为过度投资和投资不足。Myers 和 Majluf（1984）主要从信息不对称的角度研究企业融资和投资，指出企业内部人掌握的信息多，而一般债权人和投资者处于信息劣势，导致企业融资受到限制，企业没有足够的资金进行投资。同样基于信息不对称理论，Fazzarit 等（1988）首次提出了投资现金流敏感性，结果表明融资约束与投资现金流敏感性正相关。当信息不完备时，Bebchuk 和 Stole（1993）认为经理人为追求其自身利益最大化，可能进行非效率投资。当经理层只追求短期目标时，可能导致长期投资不足、短期投资过度。而信息不完全的程度会影响企业过度投资或是投资不足。

企业投资涉及的第二个重要理论是代理理论。关于代理理论对投资的影响，具体通过管理层和股东、债权人和股东两个方面进行。代理问题直接影响企业的决策包括投资决策，既可能引起过度投资，也可能导致投资不足。自由现金流理论最早由 Jensen 和 Meckling（1976）提出，该理论认为当代理问题存在于管理层和股东之间时，为了最大化自身利益，管理层会投资 NPV 小于零的投资项目，使企业投资过度。Richardson（2006）基于代理理论研究了企业投资，首先设计出了投资预期模型，结果显示，代理问题存在于管理层和股东之间，通过自由现金流引起企业过度投资。另有文献以终极股东和中小股东的代理问题为出发点进行研究，彭文伟等（2009）认为此代理冲突影响了企业投资决策。与此相类似，俞红海等（2010）发现此代理冲突与企业投资有关，当股权集中、终极股东与中小股东代理冲突变大时，公司会因此出现自由现金流引起的过度投资。另一种债权人和股东之间的冲突会减少企业现金，使企业无足够的资金投资，Jensen 和 Meckling（1976）研究了债权人代理冲突下，当企业融资比例较大、债务风险增加时，债权人会增加企业融资资金的限制条件，进而引起投资不足。

2.2 政治关联文献综述

政治关联是各国普遍存在的现象，政治与财务的关联成为近些年研究的热点，政治关联与各国的制度环境和政府有着密切联系，国内学者结合我国特有的制度背景对公司财务进行了研究。下文对政治关联的度量、动机、正负面影响的研究现象进行了梳理。

2.2.1 政治关联的定义及衡量

政治关联是指公司与政府存在一定的关系，包括公司的治理层或管理层曾在政府任职或有政治身份、公司支持政府活动等。已有相关研究首先只采用有无政治关联的虚拟变量作为衡量指标。在进一步的研究中，将政治关联指标细分，由于政府制度和政府级别的存在，导致其作用存在差异，所以用有无中央政府和有无地方政府政治关联来衡量政治关联的影响程度。具体有以下几个方面。

（1）公司高管的政府背景。以是否现在或曾经在政府或议会工作为标准（Agrawal and Knoeber，2001；Faccio，2006；Fan et al.，2007；Johnson and Mitton，2003）。国内的研究文献中，张兆国等（2011）、Fan 等（2007）、余明桂和潘红波（2008）、赵晓琴等（2011）认为，当公司高管曾任或现任政府官员、人大代表或政协委员时，企业存在政治关联；否则无政治关联。这个衡量指标是国内文献使用最多的指标。

（2）其他衡量指标：公司高管与政府官员或国会议员存在"紧密关系"、公司的政治捐赠（Claessens et al.，2008；Khwaja and Mian，2005；Goldman et al.，2009）、国有股比例（Adhikari et al.，2006；Bushman and Piotroski，2006）。

（3）国内研究中除以上衡量指标外，还有是否来自政府部门、是否来自国有银行、是否是政府主管的商业性行业协会的会长或副会长、是否是人大代表或政协委员、是否是劳模、是否获得政府的嘉奖等（王庆文、吴世农，2008；游家兴等，2010）。

随着研究的深入，学者认为如果只讨论有无政治关联，则结论太过笼统，无法更深入地解释政治关联的影响，为此也出现了新的政治关联指标——政治关联强度。根据我国的制度背景，国内学者对政治关联强度的衡量有以下几个方面。

（1）按照政府层级高低衡量政治关联强度。我国政府的行政级别存在很大的差异，主要可以分为中央政府、省级政府、市级政府和县级政府，根据政治关联与不同级别的政府，按照政府级别给定不同的分值，级别越高，分值越大，以高管政治关联相加所得值衡量政治关联。进一步的研究从两个维度进行分析：一个是区分公司高管的政府背景（曾任或现任政府官员）和政治身份（人大代表或政协委员身份）两个方面的政治关联强度，衡量两个方面的政治关联作用如何、是否存在差异（游家兴等，2010）。另一个是将政治关联区分为中央政府政治关联和地方政府政治关联，若高管的政治背景和政治身份的最高级别为中央政府，则为中央政府政治关联，其强度为高管所有政治关联分值相加。同样地，若地方政府为公司高管最高级别，则公司存在地方政府政治关联（王庆文、吴世农，

2008）。

（2）按照行政职务的不同级别衡量政治关联强度。我国政府部门官员存在不同的行政级别，具体划分为国家正副级、省部正副级、厅局正副级、县处正副级、正副科级。不同级别的政府官员权力不同，级别越高，权力越大，掌握的资源越多。选取公司高管是否曾任或现任政府官员为政治关联衡量指标，根据公司高管曾有或现有的行政级别给定分值，行政级别越高，给定分值越大，将公司所有高管的分值相加，所得值为公司政治关联强度（王庆文、吴世农，2008）。

2.2.2 政治关联动机

国内外的研究显示，政治关联在各国均存在，但是由于制度背景的差异，不同国家的企业建立政治关联的动机和方式不同；相同国家内，不同性质的企业建立政治关联的动机和方式也有差异。我国的市场经济体制虽然已经建立，但尚不完善，经济仍处于转轨期，由于企业的性质不同，国有企业和民营企业政治关联的建立差异很大。企业作为经济的微观基础，可以分享社会资源、创造社会价值，必然与政府存在多方面的联系。企业需要的资源一部分由政府控制，需要与政府产生互动，与政府建立关系，从而可以更好地帮助企业获得政府分配的资源。而政府方面，可以通过企业调节整体经济的发展水平。在资源获取方面，国有企业较民营企业具有一定的优势，能否获得所需的经济资源将直接决定企业的竞争能力，处于资源弱势的民营企业可以通过建立政府关系弥补这方面的劣势。不同于国有企业的本身由政府控制、管理层有官员担任这种天然被动的政治联系，民营企业本身的政治关联多数是积极、主动地建立与政府的关系，主要有两种渠道：一种是成为人大代表或政协委员，具备政治身份，与政府产生联系；另一种是与政府官员建立联系，通过聘任曾任或现任政府官员为公司管理层人员，建立与政府的关系（张兆国等，2011）。马晓维等（2010）研究上市公司的政治关联发现，企业通过不同的方式建立与政府的关联：

一种通过公司管理层的政府官员经历和政府产生联系；另一种通过参与人大代表会议或政治协商会议的政治身份，建立政治关联。胡旭阳（2010）的研究结论也认同此类观点。杜兴强等（2009）对两种建立方式进行了对比分析，指出建立方式和建立动机在聘任官员和获得政治身份两种方式中存在巨大差异，使其对企业的经营和发展的作用机理也不同。

针对企业建立政治关系的根源，杨其静（2011）对政治关联建立的产生环境进行了分析，指出当不是市场经济而是由政府进行控制，掌握资源且分配资源时，企业会建立政治关联以便获取资源，当法律制度不健全、执行不全面时，企业为了获得更多的保护，也会和政府建立关系，以得到更多的政府帮助。当地方经济发展水平较低、政府干预过多时，企业与政府的关系可以提升企业在当地的竞争力。潘红波和余明桂（2010）归纳总结出政治关联建立的主要观点：一种是投资行为，即通过付出一定的代价建立与政府的关系，为了未来获得更大收益；另一种观点是，政治关系的存在更有利于控股股东的利益输送。相对于国有企业天然的与政府存在的关联，我国民营企业若想与政府建立关系，就需要积极、主动地建立政治关联，包括请曾任或现任政府官员为公司高管或董事，或是获得人大代表或政协委员的身份与政府建立关联。这两种途径的使用在民营企业中普遍存在。

我国还有大量资源掌握在政府手中，在此背景下，企业付出一定的成本建立政府关系，可以看作将来获得资源的代价，和政府产生一定关联后，有可能在投资项目、融资资源、行业进入、税收优惠和财政补贴等方面获益，帮助企业更好地发展，相对于付出的成本，建立政治关联的收益是巨大的，因此更多的企业会积极建立政府关系（杨其静，2011）。市场机制不健全、法律保护不完善、政府配置资源、审批行业进入、审批融资资格等方面的制度环境会影响企业的发展，相对而言，处于弱势的民营企业问题更多。为了减少制度环境的影响，民营企业会积极、主动地改变劣势，通过非正式的保护机制弥补正式机制的弱势，更多的制度规定由政府提出，与政府建立关系是一种改变相应的制度环境制约的重要渠道。既可以与政府官员建立联系，也可以争取政治身份参与政府相应的政治活动，从而促进企业更好地发展，减少企业经营中的制约（邓新明，2011）。同时，地区政府的制度越落后，通过政治关联能够获得的资源越多，对企业发展的促进作用越大，企业愿意付出更多的成本获得政治关系。刘慧龙等（2010）同样研究了非国有企业政治关联的作用，分析了国有企业与非国有企业政治关联的差异，实证结果显示，当所处环境法律发展水平越低，资源越多地被政府控制时，企业的发展更多受到资源限制的制约，建立政治关联能够在更大程度上缓解约束，提高公司经营效率。

类似研究还有，在不同的制度环境下，黄新建和张会（2011）分析了市场环境和法律环境等外部制度存在差异时，政治关联对企业的影响。在外部制度环境越差的情况下，受到保护越弱的民营企业获取企业所需的资源难度越大，成本越高，为了获得企业发展所需的更好的环境，企业会通过努力减少外部环境的制约，寻求非正式的替代机制以更多、更容易地获得发展所需资源，和政府建立关系以构建政治关联是民营企业普遍采取的方式。研究结果表明，政治关联确实帮助企业获得了更多资源。罗党论和唐清泉（2007）选用中国民营企业为样本，实证检验了政府的制度发展水平对企业构建政治关联的影响，结果显示，外部制度环境如法律环境、经济水平及政府干预等越差，民营企业越有动机与政府部门建立关系。在制度环境的差异直接影响政治关联对企业的作用方面，吴文锋等（2009）研究了政治关联和税收优惠的关系，结论发现，当地区的环境越差时，政治关联对企业的税收优惠影响越大，政治关联可以增加企业的税收优惠。同样地，贾明和张喆（2010）检验了制度环境对政治关联作用的影响，指出在经济制度和法律制度越完善的地区，政治关联对企业的影响越小，表明外部制度相对公平时，企业更多考虑的是如何经营好公司、受到的发展阻碍小，而不必为了获得更多的资源和保护花费过多成本寻找非正式替代机制。潘越等（2009）也发现了经济环境和法律环境等外部制度对政治关联影响企业发展作用的制约和促进作用。雷光勇等（2009）认为法治化程度越低，政治关联与公司价值的相关关系越强。余明桂和潘红波（2008）认同作为一种非正式机制，政治关联对我国企业发展有促进作用，尤其在经济落后、法律制度不完善、政府干预较多的地区。在研究政府干预对企业的影响中也得到了相同的结论，吴文锋等（2008）研究了高管的政治背景与企业价值的关系，将政治背景区分为地方政府和中央政府政治背景，结论表明，当企业高管存在地方政府背景时，政府干预越强，高管的地方政府任职背景与公司价值的正向关系越显著。

2.2.3 政治关联的正面作用

政治关联与企业价值的关系研究发现，政府关联对企业的发展具有帮助作用（Shleifer and Vishny，1998），公司付出一定的代价建立的政治关联，未来能给企业带来更多的收益，促进企业发展。政治关联的建立显著影响了公司的财务决策行为和公司价值。政治关联的建立有利于公司的财务决策，如债务融资便利性、税收优惠和政府援助等，获取资源的便利性，可以促进企业的发展和提高公司绩效。

（1）获得债务融资

在经济制度不完善的发展中国家，政府会扶持一些企业的发展（Fishman，2001）。相关研究发现，为了获得更多的资源，企业有动机和政府发生关系，建立政治关联，以减少企业发展中所受到的资源约束，获得债务融资、税收优惠、政府补助等方面的优势（Claessens et al.，2008；Fan et al.，2007）。在政府配置更多资源、银行由政府控制的环境中，企业通过建立政治关联，更容易获得债务融资资源。赵晓琴等（2011）研究了政治关联与企业债务融资的关系，指出政治关联和企业贷款额成正比，政治关联与企业债务期限的长度成正比。通过研究巴基斯坦的资本市场数据，Khwaja 和 Mian（2005）发现政治关联和企业银行贷款显著正相关。但进一步研究发现，通过政治关联获得贷款融资，债务到期后按期偿还的比例低于没有政治关联的企业。类似的问题在印度尼西亚等国家也存在，Leuz 和 Oberholzer-Gee（2006）的研究结论指出，政治关联可以降低银行贷款资本成本，由于国内融资的便利性，很少有企业选择海外融资。针对中国上市公司政治关联与债务融资的关系已有大量研究，Bai 等（2006）检验了政治关联对银行贷款取得的影响后发现，在中国，相对弱势的民营企业通过与政府建立关系，可以获得更多的银行贷款，这种关系在经济越落后和法律制度越不健全的地区越显著，是提供了民营企业获得资源的一种非正式途径。Li 等（2008）以民营企业家是否为中共党员为依据衡量企业是否存在政治关联，检验了政治关联与企业债务融资的关系，结果显示，由于政治关联的存在，企业获得银行存款等债务性融资具有便利性。余明桂和潘红波（2008）的研究也得出了政治关联有利于上市公司获得债务融资的结论。关于为什么企业建立政治关联可以获得更多融资资源的研究中，一方面认为通过政府的资源配置作用可以获得更多资源；另一方面，胡旭阳（2006）的研究指出，为了能够与政府建立关系，需要付出成本，而就算付出成本也不一定能成功建立政治关系，能够成功建立政治关联的企业本身就是经营业绩优良的。因此，成功建立政治关联的企业一般被认为是经营良好的。银行当然更倾向于贷款给这些公司。类似的观点还有，赵晓琴等（2011）得出的研究结果表明，拥有政治关联的企业本身与政府部门的沟通能力就很强，获得资源相对其他企业更容易。在我国处于经济转轨期的制度背景下，与政府建立关联可以更进一步地促进企业的发展，进而获得更多的政治资源。郝项超和张宏亮（2011）发现，民营企业通过建立政治关联，可以获得更多数量的贷款。政治关联对债务融资的影响在多数国家都存在，选用多个国家的公司为样本，Boubakri 等（2008）检验了政治关系对资金成本的影响，发现政治关联与企业资本成本金存在正相关关系。

（2）进入高壁垒行业

我国政府对多数资源进行配置，严格限制了某些行业的准入，罗党论和刘晓龙（2009）探讨了政治关联与严格限制行业的进入可能性之间的关系，实证分析发现，政治关联与严格限制行业的进入可能性呈正相关，且在进一步研究中，与其他行业相比较，严格限制进入的企业收益更大。梁莱歆和冯延超（2010）以人大代表、政协委员、前政府官员为政治关联衡量指标，认为更多的政府补贴和进入限制行业的机会会给予政治关联的公司，一方面是因为政府的扶持，另一方面因政治关联企业本身的高知名度。在政治关联对企业投资限制性行业的分析中，张敏等（2010）研究发现，公司建立政治关系可以通过更多投资项目的审批，在投资实施中，在需要的资金、税收优惠及相关资源方面更有优势。

（3）税收优惠

Adhikari 等（2006）检验了政治关联与企业税率的关系，结果表明，有政治关联企业的税负较轻，与企业实际税率呈负相关。在关于中国上市公司的研究中，吴文锋等（2009）分析了不同制度环境下政治关联与企业税收的关系。存在政治关联的企业得到的税收优惠更多，在企业所处的经济环境和法制环境比较落后的地区，政治关联对税收优惠的作用更显著，企业会更多地选择建立政治关系。

（4）增加企业价值

关于政治关联对企业价值的影响，国内外学者做了大量研究。研究了德国的企业后，Niessen 和 Ruenzi（2010）检验了政治关联和企业业绩的关系，从市场绩效指标和会计业绩指标两个方面进行衡量，结果显示，政治关联对两个方面的业绩均有显著为正的影响。认为企业管理层应该将更多精力放在经营公司上，而不是思考如何构建与政府的关系，但是由于受制度环境的限制，构建政治关联的成本低于通过政治关联获得资源的收益，构建政治关系可以促进企业业绩的提升，保护企业的发展。在对世界各国的研究中，Faccio（2006）选取了多个国家的公司，运用事件研究法检验政治关联对企业价值的影响。结果发现，当企业构建政治关联时，市场短期获得了正的超额收益。针对我国的上市公司，大量学者研究了政治关联与企业价值的关系。夏立军和方铁强（2005）、陈冬等（2009）检验了政治关联与企业价值的关系，认为由于我国的经济制度和法律制度尚不完善，企业为了公司能更好地发展，获得更多资源，将会与政府建立联系。政治关联会对企业的发展产生有利影响。我国上市公司股权融资有严格的条件限制，而且需要证监会的严格审核才可以进行，张祥建和郭岚（2010）研究认为民营企业为了获得更多的资源，获得政府的资源配置，可以通过与政府建立联系获得政府的支持，以提高公司价值。胡旭阳（2010）认为政治关联作为信号向金融机构传递了民营企业的信息。民营企业家当选人大代表或政协委员往往反映出民营企业具有一定的规模和经济实力，为经济发展做出了贡献，从而得到了社会和政府的认可。魏刚等（2007）发现，有政府背景和银行背景的独立董事比例越高，公司经营业绩越好。

2.2.4 政治关联的负面作用

从政府的角度来说，建立政治关联的企业，政府的干预强度会更大。政府为了提升经济发展水平，可能损害当地企业的业绩（Shleifer and Vishny，1998），从这方面来说，企业的政治关联降低了公司的价值。政治关联的负面作用主要包括为满足当地政府的经济需要和控股股东侵占而损害公司价值。

（1）为满足社会经济需要而损害企业业绩。一方面，通过建立与政府的关系，企业可以获得更多资源；但是另一方面，政府为了当地经济的发展可能干预企业的经营，通过降低企业的价值，提高社会的整体经济水平。梁莱歆和冯延超（2010）认为政治关联降低了企业业绩，分析了政治关联对企业的负面影响，认为政府为了实现就业会干预企业的用工决策，增加企业的薪酬负担，以维持社会稳定。与此研究相类似，刘慧龙等（2010）从员工雇佣和薪酬支付的角度研究了政治关联对企业价值的损害。研究时将样本分为国有企业和非国有企业，对比分析了有无政治关联的企业员工配置的差异。Chen 等（2010）研究指出，政治关联对企业投资没有正面影响，会降低企业业绩。游家兴等（2010）从高管变更的角度研究了政治关联对企业经营的影响，认为当高管存在政治关联时，若其经营效率差、业绩低，离职率也很低，这会增加企业的代理成本，不能对公司高管进行有效约束和监督，最终会导致企业业绩的下降。张敏等（2010）探讨了政治关联与信贷资源配置效率，结果发现，虽然政治关联企业更易于获得长期贷款，但获得贷款后它们更容易进行过度投资，而且贷款对政治关联企业的价值会产生负面影响。赵晓琴等（2011）从多个方面验证了政治关联的负面作用，如存在政治关联的企业盈利能力低、非效率投资等。对世界多个国家的研究也得出了类似结论，如 Boubakri（2008）等研究了政治关联与公司业绩在多个国家的关系，结果发现，政治关联与企业销售回报率、总资产收益率和净资产收益率负相关。在长期业绩受政治关联影响的研究中，Chen 等（2005）指出政治关联企业和长期业绩呈负相关。通过对 IPO 后企业的长期业绩分析，Fan 等（2007）选用中国上市公司的国有企业，以公司总经理是否有政府职位和政治身份为政治关联指标，结果表明政治关联对 IPO 后的长期业绩和长期市场表现产生了负面影响。同时发现，政治关联可以使企业在财务困境时获得政府的帮助，但是长期来看业绩相对较差（Faccio et al.，2006）。以上市公司是否海外上市为切入点，Hung 等（2008）分析表明，企业海外上市后存在政治关联的企业业绩与投资效率会变差，这说明为了满足国家经济发展的需求，公司才选择海外上市，而不是出于企业自身发展的需要。由于制度背景的不同，政治关联的作用也不同，Faccio（2006）研究了制度环境对政治关联作用的影响，得出的结论：在法律制度不健全和政府干预的国家，当地政府为了经济发展和政府任务，可能引导企业过度投资、增加员工人数，降低了企业经营的有效性。杨其静（2011）从理论上分析了政治关联对企业的有利和有害方面后发现：首先，企业建立政治关联需要大量花费，若是政治关联获得的资源有限，企业的运行成本将增加。其次，政府为了增加当地的投资会增加企业的投资，导致企业投资的无效率。再次，政府的帮助犹如“保护伞”，会降低企业自由竞争的能力。最后，政府会干预企业的经营决策，与政府建立关系后，企业的经营会受到政府的影响，公司经营中会出现无效的决策。企业捐赠是企业强化政治关联的方式，薛爽和肖星（2011）研究了政治关联和企业捐赠的关系，认为当企业存在政治关系时，为了维持政治关系，企业在政府举办的捐赠活动中会捐出较大额度款项。另外，虽然政府能够为企业提供资源，但反过来也要求企业为经济做出贡献，这将会与企业经营目标产生背离。梁莱歆和冯延超（2010）检验了政治关联与企业业绩的关系，认为政治关联的建立将会增加企业员工数，增加薪酬的支付。Faccio 等（2006）发现从长期来看，政治关联和企业业绩负相关。政治关联确实帮助企业获得了更多资源，但是 Boubakri 等（2008）的研究结果表明，长期来看，政治关联对企业业绩产生了负面影响。

（2）控股股东侵占。政治关联的建立多数与公司高管有关，而公司高管的代理问题是公司治理的主要问题，通过建立与政府的关系，高管的代理冲突问题会更大。Shleifer 和 Vishny（1994）指出建立政治关联需要一定的成本，而高管在与政府发生联系时，可能并没有考虑政治关联建立的成本与收益的差值，为了给自己建立政治关系，可能损害公司总体价值。类似的研究中，Bertrand（2007）也得到了同样的结论。有研究认为政治关联企业可以获得更多的贷款资源，Hart 和 Moore（1995）研究发现在选择债务融资时，企业会选择长期债务以便高管人员获得私利。张祥建和郭岚（2010）认为政治关联损害了公司的价值。Fan 等（2007）的结论得出政治关联与企业的业绩呈负相关，政府官员可能通过对上市公司的干预获得私人利益或升迁机会等。游家兴等（2010）检验了公司高管政治关联与企业业绩的关系，实证结果表明，当公司代理问题严重时，高管的政治关联可能成为其获取私利的手段，因为高管会受到政府更大的干预，使公司治理问题严重化、公司业绩降低。关于政治关联企业中的控股股东侵占问题，涂国前和刘峰（2010）的分析结论显示，控股股东掏空更可能发生在建立政治关联的民营企业中。同样选用中国上市公司民营企业为样本，潘红波和余明桂（2010）认为政治关联是一种投资行为，而企业性质不同，目的也不同，针对民营上市公司的研究指出，资本投资是其建立政治关系的一个方面，更多的是为了满足控制股东的利益输送。

2.2.5 政治关联程度对企业的影响

对于政治关联和企业价值的关系，学者们最先只是探讨有无政治关联企业各方面决策的差异，随着研究的深入，将政治关联指标进行了更详细的划分，找出了更多指标衡量政治关联。归纳已有政治关联的研究文献，张祥建和郭岚（2010）认为政治关联与企业的关系有三种：第一种是正相关关系，由于政府可以提供更多资源，建立政治关联可以提高企业业绩；第二种是负相关关系，政府通过政治关系干预企业经营，会降低企业业绩；第三种是无关系，认为政治关联不影响企业业绩。政治关联强度与企业业绩的关系主要为前两种，不同学者采用不同的样本和方法得出了不同的结论。

在关于政治关联强度与债务融资资源的研究中，Khwaja 和 Mian（2005）指出，企业政治关联的强度直接影响其从国有银行贷款的优惠程度。一般情况下，政治关联程度越强，贷款优惠力度越大。郝项超和张宏亮（2011）的研究中也得出了同样的结论。政治关联强度表示高管政治地位的高低。Bai 等（2006）研究认为，企业家的政治和社会地位越高，其拥有的公司所受到的保护越好，从政府获得的资源和利益越多。按照政府级别的不同，胡旭阳（2006）将选取的民营企业高管的政治背景进行划分，指出随着政治身份等级的提高，政治关联对企业的影响增加，且影响幅度增大。Zhou（2009）对政治关联程度与银行贷款的关系进行了研究，将政治关联以省级为标准线进行划分，分为政治身份高、低两组。结果显示，政治身份的高低与获得银行贷款的难度呈负相关，即越高的政治身份越容易获得银行贷款。

以企业所在地区政党的力量衡量政治关联强度，政党的力量越大，政治关联强度越大。Sapienza（2004）通过研究意大利的企业发现，政治关联强度与公司的贷款利率呈负相关关系。同样是研究政治关联强度对企业债务融资的影响，Khwaja 和 Mian（2005）的结论指出高管政治关联强度越强，银行将给予越多的贷款优惠。在政治关联的划分上，已有研究划分为中央政治关联与地方政治关联，中央政治关联虽然级别高，但其影响却并不大。Francis 等（2009）的研究结果显示，地方政府政治关联对企业的影响大于中央政府政治关联的影响。吴文锋等（2008）检验了政治关联强度对企业的影响，对比中央政治关联组和地方政治关联组的差异，得出地方政府政治关联的影响更大的结论。在债务融资获取方面，企业和当地的银行或金融机构关系更加紧密，若存在地方政治关联将会产生显著影响，而中央政治关联却不存在这方面的优势。Fan 等（2008）检验了政治关联与企业贷款的关系，也表明了存在地方政府政治关联的企业能够获得更多贷款。

中国从 1978 年改革开始至今 40 多年，财政分权制度的实施改变了中央政府和地方政府的关系。政府作用的变化，影响了社会经济的发展，企业是经济的微观基础，也受到了不同层级政府的影响。张祥建和郭岚（2010）立足于我国的实际情况，从制度上剖析了中国地方政府和中央政府的经济制度和作用，认为地方政府既对企业有帮助和扶持作用，同时也为了经济目标侵占了企业利益。Cheung 等（2009）指出，企业通过建立政治关联可以获得政府的支持和保护，政治关联层级越高，对企业的保护越好，虽然地方政府的政治关联层级较低，但仍然可以保护当地企业，帮助其分配到更多的资源，提高企业的发展和盈利能力。张祥建和郭岚（2010）认为，由于中国政府的财税制度，当地企业的良好发展和盈利能力可以增加当地政府的税收收入，有利于当地经济的发展。从这个角度来说，地方政府和当地企业的目标是相同的，即提高企业的经营水平。为了企业更好地发展，地方政府会提供尽量多的资源、投资项目和优惠政策，而企业为了获得更多企业所需资源，会与地方政府建立紧密关系，地方政府的政治关联将有利于企业的发展。吴文锋等（2008）研究了高管的政治背景与企业价值的关系，将政治背景区分为地方政府政治背景和中央政府政治背景，结论表明，当企业高管存在地方政府背景时，相对于中央政府背景，更有利于企业价值提升。政府干预越强，存在地方政府政治关联的企业与企业价值的关系越显著，高管的地方政府任职背景与公司价值的正向关系越显著。郝项超和张宏亮（2011）首先研究了政治关联的影响，然后将政治关联分为中央政府政治关联和地方政府政治关联，研究了其对企业债务融资的影响，结果表明，对于存在政治关联的企业，银行将给予更多的贷款优惠。对比检验中央政治关联和地方政治关联两组的差异，得出的结论：地方政府政治关联的企业得到的贷款优惠多于中央政府政治关联的企业。

2.3 政治关联与股权融资决策

关于政治关联与股权融资的关系，文献中已经有关于 IPO 的研究和股权成本的研究。Fan 等（2007）选取中国国有上市公司，研究发现政治关联与 IPO 短期宣告效应呈负相关，进一步研究了政治关联对 IPO 后长期业绩的影响，结果表明，有政治关联的企业 IPO 后的长期业绩低于无政治关联企业。从几个方面说明政治关联降低了公司业绩，其负面作用明显。而 Francis 等（2009）指出，在上市过程中有政治关联的企业的发行价格更高，抑价程度更低，发行成本更低。Boubakri 等（2010）研究政治关联与股权资本成本后发现，政治关联与股权资本成本为负相关关系，说明了存在政治关联可以帮助企业以较低的成本获得融资资源，验证了政治关联的正面作用。

在国内的相关研究中，陈晓、李静（2001）发现由于配股融资有严格的条件限制，对公司的盈利和股利分配等方面有要求，而上市公司为了获得配股融资资源，可以通过当地政府的帮助获得相应的补贴和税收优惠，以改变公司的财务状况，进行盈余管理。而若得不到地方政府的扶持，则约 50%完成配股的公司达不到证监会的要求。与不同级别的政府建立联系，产生的作用是不一样的，夏立军和方铁强（2005）研究得出政府控制损害了公司业绩，而县市级政府控制最为明显，政府层级越低损害作用越大，会使公司融资成本更高。吴文锋等（2008）却发现了相反的现象，在民营企业中，存在地方政府政治关联受到的政府干预要大于中央政府政治关联，但政府强烈干预可以带来更多的融资，进而提高公司价值。

肖浩和夏新平（2010）研究发现，将样本分为国有企业和非国有企业，政府干预产生的作用是不一样的。在国有上市公司中，是否有政府干预虽然整体上与权益成本没有关系，但随着政府干预强度的增加，公司的权益资本成本增加，降低了公司价值。针对非国有企业样本得出了同样的结论，即政府干预不利于企业发展。结果说明，政治关联对多数公司的权益资本成本具有负面影响。Li 等（2008）研究发现，在控制人力资本和其他相关变量之后，民营企业的政治关联对公司业绩有正影响。Liu 等（2013）研究发现政治关联有助于企业通过 IPO 审核，表明政治关联有利于企业获得股权融资资源。

2.4 现有研究评述

我国正处于经济转轨期，相关股权融资的制度背景与世界上其他国家存在差异，根据我国资本市场的基本情况，研究资本市场现象具有重要意义。定向增发股权再融资制度与国外的私募有很多差异，我国定向增发为审核制，而国外为注册制；我国定向增发价格的确定有三个定价基准日可以选择，定向增发周期很长，平均 200 天左右，美国私募股权发行周期短；我国定向增发大股东参与认购的方式既可以选择现金，也可以选择资产；我国定向增发规定大股东及关联股东参与定向增发的，三年之内限制流通，机构投资者等参与认购的股份一年之内不能转售，而其他国家没有相同的规定（徐斌、俞静，2010）。研究我国上市公司的问题应该结合具体的制度背景。上文对国内外学者关于定向增发和政治关联的相关文献进行了梳理：定向增发从定向增发选择、定向增发宣告效应、定向增发长期业绩三个方面，以及融资对投资的影响进行了梳理；政治关联从政治关联的度量，政治关联的正面作用、负面作用三个方面进行了梳理，之后整理了政治关联对股权融资的影响。基于已有文献，发现政治关联与定向增发融资研究中存在以下几个方面的不足。

（1）定向增发融资尚未有从政治关联角度的研究

关于定向增发融资的研究，多是从公司层面、信息层面解释定向增发折价率和宣告效应，较少有从外部环境层面研究定向增发融资行为。本书通过建立政治关系，改善了政府这个外界环境对企业的影响。立足我国的制度背景，从政治关联的角度研究上市公司定向增发的发行对象选择、短期宣告效应、投资效率及长期市场表现，可以更深入地了解我国上市公司的定向增发融资行为。

（2）少有政治关联对股权融资影响的文献，未见其对定向增发的影响研究

以往国内学者研究政治关联理论时主要关注政治关联对债权融资的影响，而对股权融资影响的研究较少，未有文献检验政治关联与定向增发融资行为的关系。目前，定向增发已成为我国上市公司主要的再融资方式，且与其他融资方式存在诸多不同，已引起学术界的关注。定向增发是公司重要的融资决策，受到公司治理、股权结构、公司特征等微观因素的影响。政治关联是公司董事长和总经理的身份特征，与政府建立关系，与涉及公司的外部政府环境相连接，增加了定向增发的研究视角，研究政治关联对上市公司定向增发的作用机理及影响路径，可以更好地探析政治关联对企业融资的影响。

（3）尚未有文献以定向增发为路径研究政治关联与企业价值的关系

企业与政府建立联系的现象在我国普遍存在，已有研究涉及政治关联对融资、投资、运营等多方面的影响，其中对融资的影响多数围绕债务融资进行，少有对股权融资的探讨。2006 年，定向增发开始成为上市公司股权再融资选择最多的融资方式，研究政治关联与定向增发融资的关系这一研究路径，拓展了企业价值所受到政治关联的影响，成为政治关联与企业价值关系的新中介和桥梁，可以更深入地理解政治关联对企业价值的影响。

3 政治关联与定向增发融资决策

3.1 引 言

上市公司的股权再融资方式主要有配股、公开增发和定向增发，我国股权分置改革完成后，资本市场实现了全流通，中国证监会于2006年颁布了《上市公司证券发行管理办法》，我国上市公司的再融资方式从此发生了明显的变化，从以往的偏好配股和公开增发融资转向了定向增发。对2005—2012年上市公司再融资方式选择的对比分析发现，再融资方式包括公开增发、配股和定向增发。从数据分析中可以看出，在2005年多数公司选择了公开增发，之后定向增发作为再融资方式成为上市公司的首选。定向增发的最大比例为2012年，有93%的上市公司再融资选择了定向增发，融资额为3357.8亿元（2012年股权再融资总额为3617.2亿元），而公开增发和配股融资额所占比例均小于5%。在资本市场上，上市公司采用非公开或公开的方式发行股票时，均需要通过证监会的严格审核，其审核程序基本相同，即经批准授权后才能进行。定向增发之所以如此受青睐，是因为其与公开增发、配股以及发行可转换债券等其他再融资方式相比，在制度审核、发行对象、发行条件、发行动机、转售条件等方面与其他再融资方式不同。

政治关联具体体现在，公司与具有政府背景的官员所建立起来的紧密联系。国内外许多文献研究发现，建立与政府的联系后，企业可以获得更多的资源，如债务融资、政府补贴和税收优惠等，并得到政府的帮助。Johnson 和 Mitton（2003），Khwaja 和 Mian（2005），Adhikari 等（2006），Faccio（2006），Claessens 等（2008）虽然选取了不同国家的公司为样本，但研究结果均得出在享受更低的税率、获得债务融资等好处方面，那些拥有政府背景董事或者管理层的公司显示出了明显的优势。在资本市场成熟的美国，Roberts（1990）等学者发现，通过选举捐款等渠道得到的政治联系，可以帮助公司获得较多的政策性好处。而从政府的角度来看，与企业发生的政治联系将有利于政府对企业进行干预，政府可以扮演"掠夺之手"的角色，政府官员通过寻租或腐败行为可以直接或间接剥削公司财富，并且基于其他社会目标政府官员可能从公司转移财富到其他社会成员（Vishny and Shleifer，1998；Fan et al.，2007），导致公司因政治关联造成的损失大于收益，从而损害公司价值、降低员工配置效率（刘慧龙等，2010）、损害国有企业投资效率（Chen et al.，2010）。由此可见，作为政府与企业之间关系的重要环节，政治关联一般通过具有政治背景的高管发挥作用，然而这些高管究竟给企业带来的是正面效应还是负面效应，需要根据企业实际情况和财务决策的具体问题具体分析。

中国的资本市场是一个新兴与转轨并存的市场，政府行为对资源配置有着重要影响，虽然经过40余年的改革，我国的市场经济体制已经初步建立，但政府仍然充当着资源分配者的角色。能否获得所需的经济资源将直接决定企业的竞争能力，处于资源弱势的民营企业可以通过建立政府关系弥补这方面的劣势。定向增发作为我国上市公司的重要再融资资源，必然受到公司政治关联的影响。基于此，本章将研究政治关联对定向增发选择、发行对象、发行规模等融资决策的影响，存在政治关联的企业是否更多地倾向于选择定向增发？与其他股权再融资方式相比，定向增发虽然没有发行条件的限定，但是需要通过证监会的审核，那么定向增发预案是否更容易通过证监会的审核？有研究发现，大股东参与认购表明了大股东对公司发展的信心，降低了信息不对称程度（Hertzel and Smith，1993；邓路、王化成，2011）。为了顺利完成定向增发，存在政治关联的上市公司的大股东是否参与认购？如果企业可以通过此种关联关系获得更多的融资资源，存在政治关联的企业融资规模是否会更大？

以往国内学者从信息不对称、公司治理、投资者情绪等方面研究了定向增发决策，在我国的经济背景下，政治关联作为非正式制度起着重要作用，而政治关联研究多数关注政治关联与债权融资的关系，对股权融资的影响研究较少，尚未有深入探讨政治关联对定向增发融资行为影响的研究。目前，定向增发作为我国上市公司主要的再融资方式，已引起学术界的关注。根据政治关联理论，深入研究定向增发融资行为可以更好地探析政治关联对企业融资的影响。本章的主要贡献为：①定向增发股权融资发行对象、发行条件、转售条件等方面有其本身的特征，区别于其他股权融资方式，研究政治关联的影响可以更好地理解定向增发决策的确定。②从政治关联角度研究定向增发融资行为，立足中国制度环境，具体研究政治关联对定向增发融资选择的影响，可以丰富定向增发相关研究。③研究政治关联对上市公司定向增发的作用机理及影响路径，可以为政治关联与企业价值关系提供新的作用路径和研究思路。

本章其余部分的结构安排如下：第二部分是理论分析及研究假设。第三部分是数据来源及研究设计。第四部分是政治关联对定向增发融资行为的影响研究。第五部分是本章小结。

3.2 理论分析及研究假设

在资本市场中，邓路和王珊珊（2010）认为注册制和核准制是世界各国采用的证券发行审核制度。美国等市场化程度较高的国家普遍采用注册制，这是成熟资本市场所普遍采用的发行制度。在中国的资本市场上，上市公司非公开发行股票与公开发行股票采用的是核准制，即需要经过证监会的严格审核并批准授权后才可以发行股票。定向增发的程序一般为首先经过初期的方案设计与保荐机构协商等准备工作，之后召开董事会形成定向增发预案，再召开股东大会进行决策，定向增发的资料整理完全后报到证监会进行审核，最后证监会根据要求决定是否同意。

证监会在审核定向增发时，主要从以下六个方面入手：第一，定向增发所依据的法源——定向增发是否符合《中华人民共和国公司法》《中华人民共和国证券法》等法律以及其他相关规定的要求。第二，重点考察公司的经营行为，表面上看“这是一种道德情绪上的判断”，但证监会将根据会计师事务所出具的公司财务报告评判其经营状况。第三，检查公司上次已募集资金的使用程度，分析公司产品的市场情况，具体检查公司是否按照规定使用已募集的资金以及剩余情况，考察公司打算募集资金投资项目的市场环境和情况、生产能力状况等。第四，若是资产认购，需要对房地产和关联交易的资产评估进行严格审核。第五，保证公司的每股收益不受定向增发的影响太大。第六，重点考察项目是否通过环保测评。

相关文献研究发现，相比没有政治关联的企业，拥有政治关联的企业获得了更多资源，如融资资源、投资项目、补贴等。罗党论和刘晓龙（2009）研究发现，民营企业进入高壁垒行业的概率，与其同政府政治关系的好坏呈正相关，而且高壁垒行业内进入程度越大，并具有政治关联企业的经济绩效要显著高于其他企业。梁莱歆和冯延超（2010）认为，人大代表、政协委员、前政府官员等政治人物在中国拥有较高的社会声誉和知名度，其所在企业也更容易获得政府补助、进入管制行业的机会等政府资源。张敏和张胜等（2010）发现政治关联企业更容易获得投资项目。Leuz 和 Oberholzer-Gee（2006）研究发现，印度尼西亚的政治关联企业可以从国内银行获得成本更低的资金，因而不愿进行海外融资。余明桂和潘红波（2008）的研究表明，与没有政治关联的民营企业相比，具有政治关联的民营企业获得了较多的银行贷款。Boubakri 等（2012）使用倾向评分匹配法检验了政治关联公司的股权资本成本，结果显示，存在政治关联的股权资本成本低于非政治关联公司，这也表明政治关联公司的风险较低，且与政治权利关系越强，政治关联起到的作用越大。陈晓和李静（2001）发现由于配股融资有严格的条件限制，若想达到配股资格，对公司的盈利和股利分配等方面都有要求，而上市公司为了获得配股融资资源，可以通过当地政府的帮助获得相应的补贴和税收优惠，改变公司的财务状况，进行盈余管理。而若得不到地方政府的扶持，约50%完成配股的公司将达不到证监会的要求。

作为融资门槛较低的定向增发虽然是上市公司采用的重要方式①，但是要经过证监会的审核，这使定向增发不是公司单纯能决定的事情。对于证监会重点审核的方面，准备定向增发的公司在中介机构的帮助下，一定会使其非常符合证监会的要求，然而定向增发仍有审核不能通过的。相较于IPO的发行条件，IPO发行审核时会根据是否符合发行条件的实质进行判断，而定向增发的发行要求较少，证监会审核的形式中审查成分多。从表面看都是通过市场判断是否合格，实质均为证监会审查，那么若企业和政府建立了一定的关系，将更加有利于定向增发顺利通过审核。定向增发预案是由中国证监会发行审核委员会进行审核的，存在中央政府政治关联的企业与证监会存在关联的可能性更大，能够获得更多的资金。提出假设：

假设1a：政治关联的企业选择定向增发融资时，更容易通过证监会审核。

假设1b：中央政治关联的企业选择定向增发融资时，更容易通过证监会审核。

假设1c：地方政治关联对企业定向增发审核的影响不显著。

根据发行对象的性质，主要有大股东、关联股东和机构投资者。根据具体公司定向增发对象，可以选择的方式有大股东及关联股东参与、只有机构投资者参与、既有大股东及关联投资者又有机构投资者参与。只有大股东及关联股东参与多涉及资产重组、资产注入和整体上市。机构投资参与多为战略投资者或募集资金。定向增发募集资金的用途主要为投资项目

① 盈利能力方面，定向增发无要求；配股要求最近3个会计年度连续盈利，扣除非经常性损益后的净利润与扣除前的净利润相比，以低者作为计算依据；公开增发要求最近3个会计年度连续盈利，且最近3个会计年度加权平均净资产收益率不低于6%。净利润计算依据与配股相同。股利分配上，定向增发无要求；配股要求最近3年以现金或股票方式累计分配的利润不少于最近3年实现的年均可分配利润的30%；公开增发与配股要求相同。

和补充公司流动资金（李菊，2009）。定向增发股票认购时，大股东可以用现金和资产两种方式认购，其他投资者只能以现金认购。大股东比机构投资者对公司情况更加了解（Kang et al. ，1999），若大股东参与认购公司的定向增发股份，则表明其看好公司发展的未来，向市场传递了积极信息。

一般存在政治关联的企业在当地都是经营较好的企业，因此民营企业家的政治身份在一定程度上反映了该企业自身的规模和实力，发挥了信号传递的作用，可以在一定程度上消除信息不对称的问题（胡旭阳，2006）。企业能够与政府建立关系，需要付出成本，而且就算付出成本也不一定能成功建立政治关系，能够成功建立政治关联的企业，本身就是经营业绩优良的。因此，成功建立政治关联的企业一般被认为是经营良好的（胡旭阳，2010）。通过政治关联渠道，民营企业可以接近政治权力中心，从而谋求更多的利益并寻求保护。通过参与政治活动，民营企业可以明显提高自己的声誉和地位，不仅更易于获得政府资源，而且能够有助于企业提高市场竞争力，从而达到最大化企业利益和价值的目的（张祥建、郭岚，2010）。

既然民营企业建立政治关联的目的更多的是获得较多的资源和更好地发展，是积极的信号，那么存在政治关联的民营企业定向增发时大股东会参与认购。与地方政治关联相比，民营企业要建立中央政府政治关联的成本更高，且多数是为了获得更多的资源而付出更大的成本，为了企业更好地发展。提出假设：

假设 2a：政治关联的民营企业定向增发时，大股东更多地参与认购增发新股。

假设 2b：中央政治关联的民营企业定向增发时，大股东更多地参与认购增发新股。

假设 2c：地方政治关联对民营企业定向增发的发行对象影响不显著。

选择定向增发的公司向证监会提交的定向增发预案里有募集资金的额度，以及募集资金的投资项目说明，这也是公司融资的最主要目的。证监会在审核时，重点检查公司上次已募集的资金使用程度，分析公司产品的市场情况，具体检查公司是否按照规定使用已募集的资金以及资金剩余情况，考察公司打算募集资金投资项目的市场环境和情况、生产能力状况等。张敏等（2010）研究发现公司通过建立政治关系，可以通过更多投资项目的审批，在投资实施中，需要的资金、税收优惠及相关资源方面更有优势。胡旭阳（2006）认为，在中国经济转轨过程中，民营企业家的政治身份其实向外界传递了企业质量高的信号，便于企业融资。

企业与政府的政治关联可以细分为中央政府政治关联和地方政府政治关联。陈晓和李静（2001）研究发现，地方政府积极参与上市公司的盈余管理，并采取了大面积的税收优惠和财政补贴等政策，以争夺资本市场中的资源。但该行为不仅导致税务竞争现象的出现，还造成了会计信息被极大地扭曲。在已经配股的公司中，将近50%的公司在地方财政的帮助下达到了配股资格。夏立军和方铁强（2005）的研究表明，政府控制（尤其是县级、市级政府控制）对公司价值产生了负面影响。因政府管制而出现的“寻租行为”增加了一级市场投资者的成本，导致了更高的IPO溢价。吴文锋等（2008）检验了政治关联强度对企业的影响，对比中央政治关联组和地方政治关联组的差异，得出地方政府政治关联的影响更大的结论。在债务融资获取方面，企业和当地银行或金融机构的关系更加紧密，若存在地方政治关联，将会产生显著影响，而中央政治关联却不存在这方面的优势。相对于债务融资更多的来自当地金融机构，定向增发融资需要证监会的审核，和证监会的关系较为密切者可获得更多融资。因此，当公司定向增发时，存在中央政治关联的企业会获得更大的融资规模。提出假设：

假设3a：进行定向增发的民营企业中，存在政治关联的企业融资规模较大。

假设3b：进行定向增发的民营企业中，存在中央政府政治关联的企业融资规模较大。

假设3c：地方政府政治关联对民营企业定向增发融资规模影响不显著。

3.3 数据来源及研究设计

3.3.1 样本选取

定向增发从2006年5月8日开始实施，故选取样本区间为2006—2013年，选取宣布定向增发预案且已经公告证监会审核结果的样本检验假设1，选取实施定向增发的公司检验假设2和假设3；由于国有企业与民营企业政治关联的建立方式有差异，只选取民营企业样本。样本筛选如下：①剔除金融业样本。②删除财务指标数据不全样本后，共有民营企业定向增发预案654个样本，民营企业定向增发发行362个样本。

其中，财务数据选自csmar数据库，定向增发预案数据选自wind数据库，手工搜集了董事长和总经理的简历，得到了政治关联数据。

3.3.2 变量界定与模型设计

1. 主要变量解释

(1) 政治关联变量（*Pc*）。本章将研究政治关联对公司定向增发行为的影响。具体衡量指标为有无政治关联（郝项超、张宏亮，2011）、有无中央政府政治关联和有无地方政府政治关联（梁莱歆、冯延超，2010；胡旭阳，2006）。

关于有无政治关联的衡量，结合中国的实际情况，以高层管理人员（董事长和总经理）曾任或现任人大代表、政协委员及政府官员的经历衡量。若有此经历，为存在政治关联；若无此经历，为无政治关联。设虚拟变量*Pc*，若存在政治关联，*Pc*为1；否则为0。

关于有无中央政府政治关联的衡量，以高层管理人员（董事长和总经理）曾任或现任全国人大代表、全国政协委员及中央政府官员的经历衡量。若有此经历，为存在中央政府政治关联；若无此经历，为无中央政府政治关联。设虚拟变量 *Central*，若存在中央政府政治关联，*Central* 为 1；否则为 0。

关于有无地方政府政治关联衡量，以高层管理人员在地方曾经或现在担任人大代表、政协委员及政府官员的经历衡量。若有此经历，为存在地方政府政治关联；若无此经历，为无地方政府政治关联。设虚拟变量 *Local*，若存在地方政治关联，*Local* 为 1；否则为 0。

（2）证监会审核（*Pass*）。已公告证监会审核结果的样本中，证监会审核通过，*Pass* 为 1；未通过证监会审核，*Pass* 为 0。

（3）发行规模（*Proceeds*）。衡量定向增发募集资金额，取募集资金的自然对数。

（4）发行股份比例（*Fraction*）。衡量定向增发股份占原股本的比重。

（5）认购对象变量（*Identity*）。定向增发对象中有大股东及关联股东参与认购的样本，*Identity* 取 1；大股东未参与认购样本，*Identity* 为 0（章卫东、李德忠，2008；邓路，2010）。

（6）其他控制变量包括大股东控制力、账面市值比、总资产收益率、资产负债率。

具体变量名称及计算如表 3-1 所示。

表 3-1　主要变量定义

变量	变量名称	变量定义
Pc	政治关联	以高层管理人员（董事长和总经理）曾任或现任人大代表、政协委员及政府官员的经历衡量。若有此经历，为存在政治关联；若无此经历，为无政治关联。若存在政治关联，*Pc* 为 1；否则为 0
Central	中央政府政治关联	高管的最高行政级别的任职部门属于中央政府，*Central* 为 1；否则为 0
Local	地方政府政治关联	高管的最高行政级别的任职部门属于地方政府，*Local* 为 1；否则为 0
Pass	证监会审核	虚拟变量，定向增发预案通过证监会审核为 1；否则为 0
Identity	认购对象	虚拟变量，当定向增发大股东及关联股东参与认购时，定义为 1；否则为 0
Proceeds	发行规模	募集资金额（亿元）的自然对数
Fraction	发行股份比例	增发股份/上年末上市公司总股本

续表

变量	变量名称	变量定义
CDS	大股东控制力	上年末上市公司第一大股东持股比例
CDSdum	大股东控制力	参照（Cronqvist and Nilsson，2005；邓路，2010）设为虚拟变量，预案公告前一年末上市公司第一大股东持股比例大于 50%，则取值为 1；否则取 0
BM	账面市值比	上年末账面价值/市场价值
ROA	总资产收益率	上年末上市公司净利润/总资产
Lev	资产负债率	上年末上市公司总负债/总资产
Industry	行业虚拟变量	控制行业的影响
Year	年度虚拟变量	控制年度的影响

2. 模型设计

模型（3-1）检验存在政治关联的企业是否更容易通过审核，如下：

$$Pass = \alpha_0 + \alpha_1 Pc + \alpha_2 Identity + \alpha_3 Proceeds + \alpha_4 \mathrm{ROA} + a_5 Lev + a_6 CDSdum + a_7 Industry + a_8 Year + \varepsilon \tag{3-1}$$

模型（3-2）检验存在政治关联与大股东及关联股东参与认购的关系，如下：

$$Identity = \alpha_0 + \alpha_1 Pc + \alpha_2 Fraction + \alpha_3 Lev + \alpha_4 \mathrm{BM} + a_5 \mathrm{ROA} + a_6 CDSdum + a_7 Industry + a_8 Year + \varepsilon \tag{3-2}$$

模型（3-3）检验存在政治关联与定向增发融资规模的关系，如下：

$$Proceeds = \alpha_0 + \alpha_1 Pc + \alpha_2 Identity + \alpha_3 Lev + \alpha_4 \mathrm{BM} + a_5 \mathrm{ROA} + a_6 CDSdum + a_7 Industry + a_8 Year + \varepsilon \tag{3-3}$$

3.4 实证检验结果

3.4.1 政治关联对定向增发审核结果的影响

（1）描述性统计分析

定向增发预案中，民营企业政治关联和审核通过数据的描述性统计结果如表 3-2 所示。民营企业通过证监会审核（*Pass*）的平均比例为 64.5%，有半数以上的企业可以通过审核。存在政治关联的企业有 41.6%，表明民营企业较多地与政府存在一定关系，其中存在中央政府政治关系（*Local*）的有 9.79%，地方政府政治关系（*Central*）的为 35.3%。大股东参与认购（*Identity*）的样本占 18.7%，预计募集资金的自然对数（*Proceeds*）均值为 1.983，总资产收益率（ROA）最小值为负数，说明定向增发对公司盈利能力没有严格限制。

表 3-2 定向增发预案描述性统计结果

变量	样本	均值	标准差	最小值	最大值
Pass	654	0.645	0.479	0	1
Pc	654	0.416	0.493	0	1
Central	654	0.098	0.297	0	1
Local	654	0.353	0.478	0	1
Identity	654	0.187	0.390	0	1
Proceeds	654	1.983	0.938	-0.562	5.539
ROA	654	0.044	2.558	-7.290	2.284
Lev	654	0.956	5.952	0.014	55.41
CDSdum	654	0.143	0.350	0	1

（2）相关性检验和分组差异检验

首先，对政治关联与是否通过审核虚拟变量进行相关性检验，如

表 3-3所示，政治关联变量和中央政府政治关联变量均与审核通过变量存在显著的正相关关系，表明存在政治关联的民营企业定向增发更容易通过审核。此外，发行规模、资产负债率与审核变量呈负相关，总资产收益率与审核变量呈正相关。

表 3-3 定向增发预案变量相关系数

	Pass	*Pc*	*Central*	*Local*	*Identity*	*Proceeds*	*ROA*	*Lev*	*CDSdum*
Pass	1								
Pc	0.087 **	1							
Central	0.072 *	0.390 ***	1						
Local	0.06	0.876 ***	0.004	1					
Identity	−0.006	0.066 *	0.080 **	0.016	1				
Proceeds	−0.112 ***	−0.048	0.075 *	−0.067 *	0.073 *	1			
ROA	0.069 *	0.039	0.016	0.035	−0.074 *	−0.093 **	1		
Lev	−0.091 **	−0.032	−0.023	−0.024	0.068 *	0.109 ***	−0.917 ***	1	
CDSdum	0.071 *	0.058	0.044	0.021	0.087 **	0.064	0.019	−0.029	1

注：＊＊＊、＊＊和＊分别表示 0.01、0.05 和 0.1 的显著性水平。

其次，政治关联组和无政治关联组的组间差异检验如表 3-4 所示，分组差异检验结果中政治关联组的审核通过率显著大于无政治关联组的审核通过率。中央政治关联组的审核通过率显著大于无中央政治关联组的审核通过率。在地方政府关联分组的差异检验结果中，两组差异并不显著。这表明总体样本中，政治关联影响定向增发时证监会的审核。

表 3-4 政治关联组与无政治关联组比较分析

变量	*Pass*	*Pass*	*Pass*	
Pc	无政治关联组	政治关联组	差异	t 值
样本数	382	272		
均值	0.610	0.695	−0.085	−2.24 **
Central	无中央政府政治关联组	中央政府政治关联组	差异	t 值
样本数	590	64		

续表

变量	*Pass*	*Pass*	*Pass*	
均值	0.634	0.750	-0.116	-1.846*
Local	无地方政府政治关联组	地方政府政治关联组	差异	t值
样本数	423	231		
均值	0.624	0.684	-0.060	-1.53

注：***、**和*分别表示0.01、0.05和0.1的显著性水平。

（3）政治关联对定向增发审核影响的回归分析

表3-5为模型（3-1）的回归结果，检验存在政治关联的企业是否更容易通过审核，其中回归结果（1）是政治关联（*Pc*）与证监会审核变量的关系，回归结果（2）是中央政府政治关联（*Central*）与证监会审核变量的关系，回归结果（3）是地方政府政治关联（*Local*）与证监会审核是否通过的关系。回归结果（1）中政治关联与证监会审核变量显著正相关，表明存在政治关联的企业更容易通过证监会的审核。回归结果（2）、回归结果（3）中，中央政府政治关联有利于获得定向增发融资资源，结果中地方政府政治关联与审核通过变量不相关，证监会属于中央部门管辖，存在中央政治关系的企业与证监会关系更紧密，更容易通过审核，而地方政治关系在审核阶段的作用相对较弱，与假设相一致。

此外，发行规模（*Proceeds*）与审核通过负相关，募集资金的使用状况是证监会审核的重要内容，若募集资金额太大，证监会将严格审查，不容易通过审核。公司总资产收益率（ROA）越高，公司经营越好，越容易通过审核。负债率（*Lev*）越高，越不容易通过审核。一方面，公司资产负债率越高，公司财务风险越大；另一方面，企业已有过多债务融资，资金相对充裕，均会影响企业审核通过的概率。

表 3-5　政治关联对定向增发审核影响的回归结果

VARIABLES	*Pass*	*Pass*	*Pass*
	(1)	(2)	(3)
Constant	0. 911 *** (3. 725)	1. 032 *** (4. 452)	0. 982 *** (4. 032)
Pc	0. 316 * (1. 751)		
Central		0. 561 * (1. 774)	
Local			0. 176 (0. 953)
Identity	-0. 122 (-0. 548)	-0. 125 (-0. 559)	-0. 097 (-0. 437)
Proceeds	-0. 180 * (-1. 876)	-0. 196 ** (-2. 028)	-0. 177 * (-1. 856)
ROA	4. 117 *** (3. 842)	4. 151 *** (3. 866)	4. 176 *** (3. 861)
Lev	-0. 593 *** (-2. 676)	-0. 605 *** (-2. 721)	-0. 604 *** (-2. 695)
CDSdum	0. 454 * (1. 715)	0. 448 * (1. 697)	0. 465 * (1. 762)
Industry	控制	控制	控制
Year	控制	控制	控制
Observations	654	654	654

注：表中数据为各自变量的回归系数，括号内的数字为 t 检验值，＊＊＊、＊＊和＊分别表示 0. 01、0. 05 和 0. 1 的显著性水平。

3.4.2 政治关联与定向增发对象的回归分析

（1）描述性统计分析

定向增发大股东可以用现金和资产两种认购方式，但资产认购方式多是为了进行整体上市、并购重组等，与仅通过定向增发进行融资的样本的性质相差很大，为了研究政治关联对民营企业定向增发认购对象的影响，剔除了大股东资产认购样本，相关变量描述性统计如表 3-6 所示。结果中存在政治关联的企业有 48.4%，其中存在中央政府政治关联的有 12.2%，存在地方政府政治关联的有 41.4%。8.6%的公司定向增发时，大股东及关联股东使用现金认购，发行股份占股本总数的比例平均为 18.7%。

表 3-6 定向增发发行相关变量描述性统计结果

变量	样本	均值	标准差	最小值	最大值
Identity	304	0.086	0.280	0	1
Pc	304	0.484	0.501	0	1
Central	304	0.122	0.327	0	1
Local	304	0.414	0.493	0	1
Fraction	304	0.187	0.172	0.014	1.264
Lev	304	0.419	0.168	0.051	0.822
BM	304	0.671	0.303	0.149	2.703
ROA	304	0.078	0.113	−0.229	1.613
CDSdum	304	0.129	0.335	0	1

（2）政治关联分组的组间差异分析

将样本分别按照有无政治关联、有无中央政府政治关联、有无地方政府政治关联进行分组，检验组间差异（见表 3-7）。组间比较结果分析发现，政治关联组的大股东及关联股东的认购率显著大于无政治关联组。存在中央政府政治关联的定向增发样本大股东及关联股东的认购率显著大于无中央政府政治关联组。有无存在地方政府政治关联两组的差异不显著。

这表明政府政治关联及中央政府政治关联会影响定向增发的认购对象。

表 3-7 政治关联对定向增发对象的分组比较

变量	*Identity*	*Identity*	*Identity*	
Pc	无政治关联组	政治关联组	差异	t 值
样本数	157	147		
均值	0.057	0.115	-0.058	-1.82**
Central	非中央政府政治关联组	中央政府政治关联组	差异	t 值
样本数	267	37		
均值	0.071	0.189	-0.118	-2.42**
Local	非地方政府政治关联组	地方政府政治关联组	差异	t 值
样本数	178	126		
均值	0.067	0.111	-0.044	-1.34

注：＊＊＊、＊＊和＊分别表示 0.01、0.05 和 0.1 的显著性水平。

（3）政治关联对定向增发对象影响的回归分析

表 3-8 为模型（3-2）的回归结果，检验存在政治关联与定向增发融资规模的关系，回归结果（1）、回归结果（2）、回归结果（3）分别是政治关联（*Pc*）、中央政府政治关联（*Central*）和地方政府政治关联（*Local*）与发行对象的关系。定向增发时，大股东参与认购可以用资产形式，而市场普遍认为资产认购没有现金认购的透明度高，若大股东用现金认购，则被认为是对公司的看好（黄建中，2007；杨靖，2010）。回归结果表明，存在政治关联的企业定向增发时，大股东采用现金方式参与认购，表明其对企业的看好。这说明建立政治关系的民营企业本身经营情况好，大股东及关联股东看好公司的发展，更积极地参与认购定向增发股份。中央政府政治关联变量与大股东认购显著正相关，表明存在中央政府政治关联的企业选择定向增发时，大股东与关联股东更多地参与认购股份，因为民营企业建立中央政府政治关联的成本大于地方政府政治关联，且多数是为了企业获得更多的资源而付出更高的成本，当企业进行定向增发时，大股东更加看好公司未来的发展，故大股东及关联股东更多地参与认购定向增发

股份。

此外，发行股份比例和大股东持股比例越大，大股东及关联股东越参与认购。发行比例过大时，大股东为了保持其控制权会参与认购公司定向增发股份。账面市值比越大，大股东及关联股东越不参与认购。公司的成长性越好，大股东及关联股东越更多地参与认购定向增发股份。

表 3-8 政治关联对定向增发发行对象的影响

VARIABLES	*Identity*	*Identity*	*Identity*
	(1)	(2)	(3)
Constant	-3.510*** (-3.845)	-3.547*** (-3.866)	-3.307*** (-3.721)
Pc	0.978** (1.979)		
Central		1.360** (2.539)	
Local			0.718 (1.534)
Fraction	4.192*** (3.475)	4.170*** (3.465)	4.008*** (3.384)
Lev	2.426* (1.685)	2.979** (2.022)	2.633* (1.841)
BM	-1.973* (-1.832)	-1.828* (-1.702)	-2.061* (-1.918)
ROA	-5.428 (-1.488)	-5.302 (-1.503)	-5.175 (-1.446)
CDSdum	1.141* (1.927)	1.043* (1.753)	1.179** (1.98)
Observations	304	304	304

注：表中数据为各自变量的回归系数，括号内的数字为t检验值，＊＊＊、＊＊和＊分别表示0.01、0.05和0.1的显著性水平。

3.4.3 政治关联对定向增发融资规模的影响

（1）按照政治关联变量分组的差异分析

政治关联对定向增发融资规模影响的组间比较分析如表 3-9 所示，在差异分析结果中，存在中央政府政治关联的上市公司定向增发融资规模显著大于无中央政府政治关联组，而政治关联组和地方政府政治关联组间比较无差异。这说明存在中央政府政治关联的企业更容易通过证监会审核且获得更多融资。

表 3-9 政治关联对定向增发融资规模的分组比较

Variable	无政治关联组	政治关联组	差异	t 值
Pc	0	1	Diff（1-2）	
样本数	157	147		
均值	1.796	1.857	-0.062	-0.65
Central	非中央政治关联组	中央政治关联组	差异	t 值
样本数	267	37		
均值	1.792	2.069	-0.277	-1.91**
Local	非地方政治关联组	地方政治关联组	差异	t 值
样本数	178	126		
均值	1.802	1.859	-0.057	-0.59

注：＊＊＊、＊＊和＊分别表示 0.01、0.05 和 0.1 的显著性水平。

（2）政治关联对定向增发融资规模影响的回归分析

表 3-10 为模型（3-3）的回归结果，检验存在政治关联对定向增发融资规模的影响，回归结果（1）、回归结果（2）、回归结果（3）分别表明了政治关联（*Pc*）、中央政府政治关联（*Central*）和地方政府政治关联（*Local*）与定向增发融资规模的关系。回归结果显示，存在中央政府政治关联的企业能够获得更大的融资规模。这说明存在中央政府政治关联的企业更容易通过证监会审核且获得更多融资，政治关联、地方政府政治关联

与定向增发融资规模的关系不显著。结合模型（3-1）政治关联对定向增发审核的回归结果，表明存在政治关联的民营企业更容易通过证监会审核，但想要获得更大的融资规模，需要与证监会存在更紧密的关系，其中存在中央政府政治关联的企业与证监会存在更加紧密的关系，因此能获得较大规模融资。此外，大股东及关联股东参与认购、大股东持股比例越大，定向增发融资规模越大，表明大股东及关联股东越看好公司发展，融资项目更加具有可行性。

表 3-10　政治关联与定向增发融资规模的回归结果

VARIABLES	*Proceeds*	*Proceeds*	*Proceeds*
	(1)	(2)	(3)
Constant	1.188*** (7.182)	1.162*** (7.121)	1.193*** (7.279)
Pc	0.042 (0.449)		
Central		0.278** (1.975)	
Local			0.036 (0.384)
Identity	0.427** (2.544)	0.390** (2.331)	0.429** (2.561)
Lev	0.417 (1.473)	0.398 (1.425)	0.422 (1.495)
BM	0.542*** (3.348)	0.576*** (3.557)	0.538*** (3.321)
ROA	0.071 (0.163)	0.080 (0.185)	0.068 (0.156)
CDSdum	0.296** (2.036)	0.298** (2.067)	0.298** (2.038)
Observations	303	303	303
R-squared	0.109	0.12	0.108

注：表中数据为各自变量的回归系数，括号内的数字为 t 检验值，***、**和*分别表示 0.01、0.05 和 0.1 的显著性水平。

3.5 本章小结

选取2006—2013年宣布定向增发预案的公司以及进行定向增发的公司为样本，立足中国制度环境，具体研究政治关联对定向增发融资选择的影响。研究发现，建立政治关联的民营企业可以获得定向增发融资资源，体现了政府“帮助之手”的作用，具体研究结果有如下几个方面。

（1）政治关联与证监会审核变量显著正相关，表明存在政治关联的企业更容易通过证监会的审核。中央政府政治关联有利于企业获得定向增发融资资源，结果表明地方政府政治关联与审核通过变量不相关，证监会属于中央部门管辖，存在中央政府政治关联的企业与证监会关系更紧密，更容易通过审核，而地方政府政治关联在审核阶段的作用相对较弱。

（2）存在政治关联的企业定向增发时，大股东采用现金方式参与认购的，表明其对企业的看好。说明建立政治关系的民营企业本身经营情况好，大股东及关联股东看好该公司的发展，更愿意积极参与认购定向增发股份。中央政府政治关联变量与大股东认购显著正相关，表明存在中央政府政治关联的企业在选择定向增发时，大股东与关联股东更多地参与认购股份，因为民营企业建立中央政府政治关联成本高于地方政府政治关联，且多数是为了企业获得更多的资源而付出更高的成本，当企业进行定向增发时，大股东更加看好公司未来的发展，故大股东及关联股东更多地参与认购定向增发股份。

（3）存在中央政府政治关联的企业能够获得更大的融资规模，说明存在中央政府政治关联的企业更容易通过证监会审核且获得更多融资。政治关联、地方政府政治关联与定向增发融资规模的关系不显著，表明存在政治关联的民营企业更容易通过证监会审核，但想要获得更大的融资规模，就需要与证监会存在更紧密的关系，其中存在中央政府政治关联的企业与证监会存在更加紧密的关系，因此能获得较大规模融资。

4 政治关联与定向增发短期宣告效应

4.1 引 言

上市公司定向增发融资决策宣告后，投资者会根据不同公司的情况，给予不同的反应。由于制度的不同，各国定向增发的短期宣告效应有较大的差异。许多学者研究了美国上市公司的私募发行短期宣告效应，公司进行私募发行时，由于只对特定投资者进行，会增加股权集中度，主要股东的利益也成为追求公司利益最大化。新增加的投资者对公司经营具有监督作用，可以促进公司更好地发展，因此市场给予了积极的反应（Wruck，1989）。从信息不对称角度研究定向增发，当资本市场上公司价值被低估时，公司会选择定向增发，投资者接到公司定向增发的消息时，了解其被低估后，会提高公司的股价，且一般定向增发会伴随着良好的投资机会。融资规模和增发比例越大，良好的投资机会越多，企业的发展前景越好（Hertzel and Smith，1993）。关于中国上市公司的定向增发，二级市场对定向增发宣告的反应存在正的宣告效应，对增发对象的人数有限制，对上市公司有监督作用，机构投资者的认购比例越大，短期超额收益越多（章卫东、李德忠，2008）。增发数量代表公司的发展潜力，增发比例越大，短期超额收益越多（魏立江、纳超洪，2008）。

一般情况下，企业家能够当选人大代表或者政协委员，其所拥有的企业均是当地经营比较好、实力较大的企业。企业家的政治身份同时也在一定程度上反映了民营企业的规模与实力，发挥了信号传递的功能，在一定程度上消除了信息不对称的问题（胡旭阳，2006）。政治关联可以作为公司的信息传递，投资者根据此信息可以判断公司存在的风险是大还是小，公司风险的高低会影响其融资成本，市场反应也会有差异。本部分将研究相对于不存在政治关联的公司，存在政治关联的公司进行定向增发时短期宣告效应是好还是差，中央政府政治关联和地方政府政治关联对企业的经营影响程度不同，针对定向增发融资，中央政府政治关联和地方政府政治关联的企业进行定向增发时，宣告效应有何差异。本章的主要贡献是从政治关联角度研究定向增发的宣告效应，检验政治关联作为公司的特征，信号传递后市场的反应，拓宽了定向增发短期宣告效应的研究视角。

本章其余部分的结构安排如下：第二部分是文献回顾及研究假设。第三部分是数据来源及研究设计。第四部分是政治关联对定向增发短期宣告效应的影响研究。第五部分是本章小结。

4.2 文献回顾及研究假设

由于制度的不同，各国定向增发的短期宣告效应有较大的差异。Wruck（1989）研究了美国上市公司的私募发行短期宣告效应。认为公司进行私募发行时，由于只对特定投资者进行，增加了股权集中度，主要股东的利益也成为追求公司利益最大化。新增加的投资者对公司经营有监督作用，可以促进公司更好地发展。因此，市场给予了积极的反应。Shleifer 和 Vishny（1986）研究公司定向增发时，指出公司通过向特定的对象进行定向增发，在获得大量股权融资的同时，还能增加外部持有较大持股比例的投资者，新增的投资者成为监督公司经营的新的力量，通过监督和参与决策可以促进企业更好地发展，使企业获得更大的价值提升。此企业决策同样会得到资本市场上投资者的认同，获得市场正面的回应。Demsetz 和 Villalonga（2001）通过研究得出了同样的结论。Wu 等（2005）选用香港股市数据，研究了私募发行的宣告效应，实证分析中发现，定向增发存在显著为正的超额收益。同时，深入探讨了信息不对称与短期宣告效应的关系，以规模和成长性衡量企业信息不对称程度，发现信息不对称程度与定向增发短期宣告效应呈正相关。Anderson 等（2006）研究了新西兰资本市场中的私募发行，分析结果得出，在新西兰，定向增发宣告时虽然不存在显著为正的宣告效应，但是检验宣告之前的超额收益发现，宣告日之前市场上有正的宣告效应，表明定向增发在宣告之前就发生了消息泄漏，市场提前产生了正的反应。同样的现象也出现在了英国，Renneboog 等（2007）检验了英国定向增发的短期宣告效应，结果表明显著为正的短期宣告效应在定向增发宣告之前存在，但是与新西兰市场存在差异，结果中正的宣告效应也存在于定向增发宣告日，定向增发价值被低估可能是其原因之一。国内的研究中，刘力等（2003）发现定向增发有显著为正的短期超额收益，与之相反，公开增发宣告后存在负的超额收益。类似的研究还有章卫东（2007），他比较了公开增发和定向增发公告的超额收益，认为其会影响上市公司股权再融资决策。也有学者研究发现，定向增发在证监会审核之后的短期宣告效应不显著甚至为负，但在证监会审核之前存在显著为正的宣告效应，这说明了投资者对定向增发的积极反应和看好（戴爽，2007）。魏立江和纳超洪（2008）指出由于定向增发价格基准日及定价的规定，董事会预案公告前存在负的短期宣告效应。同时，定向增发可以有战略投资者的参与，以及制度对限售期的规定，定向增发后市场会给予积极的回应，产生正的宣告效应。

根据信息不对称理论，一般情况下，企业家能够当选人大代表或者政协委员，其所拥有的企业均是当地经营比较好、实力较大的企业。由此可以认为，企业家的政治身份同时也在一定程度上反映了民营企业的规模与实力，发挥了信号传递的功能，在一定程度上消除了信息不对称的问题（胡旭阳，2006）。Francis 等（2009）指出，在上市过程中有政治关联的企业，发行价格更高，抑价程度更低，发行成本更低。民营企业家的政治身份也传递了积极的信号，因此存在政治关联的公司定向增发的宣告效应好于无政治关联的公司。因此提出假设 1。

假设 1：存在政治关联的公司定向增发的宣告效应好于无政治关联的公司。

企业能够与政府建立关系，需要付出成本，而且就算付出成本也不一定能成功形成政治关系，能够成功构建政治关联的企业，其本身就是经营业绩优良的。因此，成功建立政治关联的企业一般被认为是经营良好的（胡旭阳，2010）。按照政府级别的不同，胡旭阳（2006）选取民营企业样本，将其高管政治背景进行划分，指出随着政治身份等级的提高，政治关联对企业的影响增加，且影响幅度加大。Cheung 等（2009）指出企业通过建立政治关联可以获得政府的支持和保护，政治关联层级越高，对企业的保护越好。我国资源大量掌握在政府手中，在此背景下，企业付出一定的成本建立政府关系，可以看作将来获得资源的代价，和政府产生一定关联后，可以在投资项目、融资资源、行业进入、税收优惠和财政补贴等方面获益，帮助企业更好地发展，建立政治关联的收益是巨大的，因此更多企业会积极建立政府关系（杨其静，2011）。由于上市公司在当地的影响力和对当地经济的贡献，与地方政府建立关系成本相对较低，建立中央政府关系将付出更高的成本，这传递给了企业更明确的信息，即企业选择更高成本建立中央政府政治关联，可以为企业获得更多更好的资源和更好的发展，市场宣告效应更好，因此提出假设 2。

假设 2a：有中央政府政治关联的公司定向增发宣告效应大于无中央政府政治关联的公司。

假设 2b：有地方政府政治关联的公司定向增发宣告效应大于无地方政府政治关联的公司，但显著性小于中央政府政治关联的影响。

4.3 数据来源及研究设计

4.3.1 样本选取

定向增发自2006年5月8日起实施，故样本区间为2006—2013年，选取宣布定向增发预案的样本，由于国有企业与民营企业政治关联的建立方式有差异，本章只选取民营企业样本。样本筛选如下：①剔除金融业样本。②删除财务指标数据不全样本，共有民营企业定向增发预案531个样本。其中，财务数据选自csmar数据库，定向增发预案数据选自wind数据库，手工搜集了董事长和总经理的简历，得到了政治关联数据。

4.3.2 变量界定与模型设计

（1）主要变量解释

第一，政治关联变量（*Pc*）。本章将研究公司董事长及总经理曾任或现任人大代表、政协委员及政府官员对公司定向增发行为的影响。具体衡量指标为有无政治关联（郝项超、张宏亮，2011）、有无中央政治关联和有无地方政治关联（梁莱歆、冯延超，2010；胡旭阳，2006）。

有无政治关联，结合中国的实际情况，以高层管理人员（董事长和总经理）曾任或现任人大代表、政协委员及政府官员的经历衡量。若有此经历，为存在政治关联；若无此经历，为无政治关联。设虚拟变量*Pc*，若存在政治关联，*Pc*为1；否则为0。

有无中央政府政治关联，以高层管理人员（董事长和总经理）曾任或现任全国人大代表、全国政协委员及中央政府官员的经历衡量。若有此经历，为存在中央政府政治关联；若无此经历，为无中央政府政治关联。设虚拟变量*Central*，若存在中央政府政治关联*Central*为1；否则为0。

有无地方政府政治关联，以高层管理人员（董事长和总经理）曾任或现任地方人大代表、地方政协委员业及地方政府官员的经历衡量。若有此经历，为存在地方政府政治关联；若无此经历，为无地方政府政治关联。设虚拟变量 *Local*，若存在地方政府政治关联 *Local* 为 1；否则为 0。

第二，累计超额收益（CAR）。以定向增发预案公告日为事件日，选取相应的窗口，按照事件研究法计算窗口期内的累积超额收益，衡量定向增发的短期宣告效应。

第三，发行规模（*Proceeds*）。衡量定向增发募集资金额，取募集资金的自然对数。

第四，认购对象变量（*Identity*）。定向增发对象中有大股东及关联股东参与认购的样本，*Identity* 取 1；大股东未参与认购样本，*Identity* 为 0（章卫东、李德忠，2008；邓路，2010）。

第五，其他控制变量包括大股东控制力、账面市值比、总资产收益率、资产负债率。

具体变量名称及计算如表 4-1 所示。

表 4-1　主要变量定义

变量	变量名称	变量定义
Pc	政治关联	以高层管理人员（董事长和总经理）曾任或现任人大代表、政协委员及政府官员的经历衡量。若有此经历，为存在政治关联；若无此经历，为无政治关联。若存在政治关联 *Pc* 为 1；否则为 0
Central	中央政府政治关联	高管的最高行政级别的任职部门属于中央政府，*Central* 为 1；否则为 0
Local	地方政府政治关联	高管的最高行政级别的任职部门属于地方政府，*Local* 为 1；否则为 0
CAR	累计超额收益	以定向增发预案公告日为事件日，选取相应的窗口，按照事件研究法计算窗口期内的累积超额收益，衡量定向增发的短期宣告效应

续表

变量	名称	变量定义
Identity	认购对象	虚拟变量，当定向增发大股东及关联股东参与认购时，定义为 1；否则为 0
Proceeds	发行规模	募集资金额（亿元）的自然对数
CDSdum	大股东控制力	参照（Cronqvist and Nilsson，2005；邓路，2010）设为虚拟变量，预案公告前一年末上市公司第一大股东持股比例大于 50%，则取值为 1；否则取 0
BM	账面市值比	上年末账面价值/市场价值
ROA	总资产收益率	上年末上市公司净利润/总资产
Lev	资产负债率	上年末上市公司总负债/总资产

（2）模型设计

检验存在政治关联与定向增发短期宣告效应的关系，模型如下：

$$\mathrm{CAR} = \alpha_0 + \alpha_1 Pc + \alpha_2 Identity + \alpha_3 Proceeds + \alpha_4 \mathrm{ROA} + a_5 Lev + a_6 CDSdum + a7\mathrm{BM} + \varepsilon$$

4.4 实证检验结果

4.4.1 政治关联对定向增发短期宣告效应的影响

4.4.1.1 CAR 的计算

CAR 计算的关键因素主要包括事件日的确定、事件窗口期的选取、超额收益率（AR）的计算方法。

（1）事件日的确定

中国资本市场定向增发为核准制，任何上市公司增发新股必须经过中国证监会批准授权后方可实施。一般情况下，上市公司定向增发从董事会预案公告到增发正式实施都要经过几个月甚至半年时间，因此选择不同定价基准日对最终的发行价格确认影响重大。本章选择将上市公司董事会定向增发预案公告日定义为事件日，因为一方面中国的上市公司实施定向增发时，对价格的确认可以选取多种定价基准日，而绝大多数上市公司都将董事会预案公告日作为定价基准日以确定发行价格；另一方面，在董事会预案公告日，上市公司首次公开披露定向增发相关信息，其后公司股价的波动可以有效传递信息公开后的市场反应，符合事件研究基本假设（章卫东、李德忠，2008；邓路，2010）。

故与多数文献的做法相一致，本章选取董事会预案公告日作为宣告效应研究的事件日。

（2）事件窗口期的选取

因为上市公司的经营受到投资者关注，公司的重大决策很多时候存在信息提前泄露问题，所以本章事件窗口期从定向增发预案公告之前开始计算，选取如下事件窗口期：[-30，30]、[-10，1]、[-5，1]，研究政治关联对定向增发宣告效应的影响。

（3）超额收益率（AR）的计算方法

在计算累计超额收益率（CAR）之前，对正常收益率的估计也是极其重要的，现有文献中出现的估计方法包括市场调整法、均值调整法、配对样本法和市场模型法，这些方法都属于调整法。本章采用市场调整模型法：

$$\mathrm{AR}_{it} = R_{it} - (\alpha_i + \beta_i R_{mt})$$

其中，R_{it}为股票 i 在第 t 个交易日的收益率；R_{mt}为第 t 个交易日的市场收益率。由于样本公司均为 A 股公司，市场收益率以综合 A 股市场流通市值加权日收益率为基准。选取估计窗口为［-120，-60］，估计市场模型法中的参数 α 和 β，计算定向增发预案宣告效应。

（4）累计超额收益率的计算

计算公式如下：

$$\mathrm{CAR}_i = \sum_{t=a}^{b} AR_{it}$$

$$\mathrm{AAR}_t = \frac{1}{N}\sum_{i=1}^{N} AR_{it}$$

$$CAAR_t = \sum_{t=a}^{b} AAR_t$$

其中，CAR_i表示股票 i 在［a，b］期间的超额收益率（AR）的累计相加；AAR_t为 t 时间所有样本的平均超额收益；N 为样本数；$CAAR_t$为 t 时间所有样本在［a，b］期间的平均累积超额收益。

4.4.1.2　描述性统计与相关分析

（1）定向增发的民营企业短期宣告效应主要变量的描述性统计结果如表 4-2 所示。计算定向增发宣告效应，选取了三个事件窗口：［-30，30］、［-10，1］、［-5，1］，事件窗口［-30，30］的 CAR 均值为 0.151，［-10，1］的 CAR 均值为 0.089，［-5，1］的 CAR 均值为 0.077，表明三个时间窗口期均存在正的宣告效应，说明公司公告定向增发公司预案时，市场给予了正面的反应，投资者也认为是利好消息。

表 4-2　变量描述性统计

变量	样本	均值	标准差	最小值	最大值
CAR［-30，30］	531	0.151	0.334	-1.100	3.664
CAR［-10，1］	531	0.089	0.217	-0.173	4. 177
CAR［-5，1］	531	0.077	0.201	-0.159	4.010
Pc	531	0.416	0.493	0	1
Central	531	0.098	0.297	0	1
Local	531	0.353	0.478	0	1
Identity	531	0.187	0.390	0	1
Proceeds	531	1.983	0.938	-0.562	5.539
ROA	531	-0.056	2.558	-64.82	2.284
Lev	531	0.956	5.952	0.014	138.4
CDSdum	531	0.143	0.350	0	1
BM	531	0.601	0.322	6.80×10^{-5}	3.970

（2）政治关联与定向增发短期宣告效应相关分析如表 4-3、表 4-4、表 4-5 所示，事件窗口期分别为［-30，30］、［-10，1］、［-5，1］时的变量相关系数。相关分析结果中，政治关联变量和短期宣告效应存在显著

的正相关关系，表明存在政治关联的企业宣告定向增发预案时，传递给了市场信号，市场认为这一信息对企业的发展有利。另外，账面市值比与短期宣告效应呈负相关，表明企业成长性好时，市场对其股权融资给予了较好的反应。

表 4-3 政治关联与定向增发短期宣告效应相关分析 [-30，30]

	CAR [-30，30]	*Pc*	*Identity*	*Proceeds*	*ROA*	*Lev*	*CDSdum*	BM
CAR [-30，30]	1							
Pc	0.083 *	1						
Identity	0.181 ***	0.066 *	1					
Proceeds	0.037	-0.048	0.073 *	1				
ROA	-0.012	0.039	-0.074 *	-0.093 **	1			
Lev	0.016	-0.032	0.068 *	0.109 ***	-0.917 ***	1		
CDSdum	-0.02	0.058	0.087 **	0.064	0.019	-0.029	1	
BM	-0.096 **	0.090 **	0.062	-0.083 **	0.081 **	-0.117 ***	0.221 ***	1

注：表中＊＊＊、＊＊和＊分别表示 0.01、0.05 和 0.1 的显著性水平。

表 4-4 政治关联与定向增发短期宣告效应相关分析 [-10，1]

	CAR [-10，1]	*Pc*	*Identity*	*Proceeds*	ROA	*Lev*	*CDSdum*	BM
CAR [-10，1]	1							
Pc	0.083 *	1						
Identity	0.181 ***	0.066 *	1					
Proceeds	0.037	-0.048	0.073 *	1				
ROA	-0.012	0.039	-0.074 *	-0.093 **	1			
Lev	0.016	-0.032	0.068 *	0.109 ***	-0.917 ***	1		
CDSdum	-0.02	0.058	0.087 **	0.064	0.019	-0.029	1	
BM	-0.096 **	0.090 **	0.062	-0.083 **	0.081 **	-0.117 ***	0.221	1

注：表中＊＊＊、＊＊和＊分别表示 0.01、0.05 和 0.1 的显著性水平。

表 4-5 政治关联与定向增发短期宣告效应相关分析 [-5, 1]

	CAR [-5, 1]	*Pc*	*Identity*	*Proceeds*	ROA	*Lev*	*CDSdum*	BM
CAR [-5, 1]	1							
Pc	0.097**	1						
Identity	0.177***	0.066*	1					
Proceeds	0.007	-0.048	0.073*	1				
ROA	0.005	0.039	-0.074*	-0.093**	1			
Lev	-0.001	-0.032	0.068*	0.109***	-0.917***	1		
CDSdum	-0.032	0.058	0.087**	0.064	0.019	-0.029	1	
BM	-0.085*	0.090**	0.062	-0.083**	0.081**	-0.117***	0.221***	1

注：表中＊＊＊、＊＊和＊分别表示 0.01、0.05 和 0.1 的显著性水平。

4.4.1.3 政治关联分组的组间差异检验

（1）表 4-6 和图 4-1 是将定向增发公司分为政治关联和无政治关联两组的累计超额收益的分析。表 4-6 中的 AAR 为定向增发公司超额收益的均值，CAAR 为定向增发公司平均累积超额收益。图 4-1 是两组平均累积超额收益的直观表现，图中民营企业的平均累计超额收益在定向增发前开始增加，且政治关联组短期宣告效应大于无政治关联组，定向增发预案宣告后，公司的 CAAR 显著增加，存在正的超额收益，政治关联组的 CAAR 大于无政治关联组，且两组的差异大于定向增发预案公告之前。

表 4-6 政治关联与定向增发短期的短期宣告效应 [-30, 30]

DAY	无政治关联组		政治关联组	
	AAR	CAAR	AAR	CAAR
-30	-0.001130	-0.001130	0.002098	0.002098
-29	-0.002290	-0.003420	0.000298	0.002395
-28	0.001276	-0.002150	0.003293	0.005688
-27	0.001028	-0.001120	0.002945	0.008633
-26	0.003302	0.002181	0.000171	0.008804
-25	-0.002120	5.79×10^{-5}	0.002621	0.011425

续表

DAY	无政治关联组		政治关联组	
	AAR	CAAR	AAR	CAAR
-24	-0. 001230	-0. 001180	0. 002641	0. 014066
-23	-0. 000320	-0. 001500	-0. 000430	0. 013640
-22	-0. 002200	-0. 003690	0. 001520	0. 015160
-21	-0. 001180	-0. 004870	-0. 000280	0. 014879
-20	-0. 001270	-0. 006140	0. 009679	0. 024558
-19	0. 003140	-0. 00300	0. 000673	0. 025231
-18	-0. 001980	-0. 004990	0. 004313	0. 029545
-17	0. 003367	-0. 001620	-0. 000860	0. 028687
-16	0. 002713	0. 001093	-0. 001860	0. 026824
-15	0. 000948	0. 002041	0. 001116	0. 027940
-14	-0. 000190	0. 001854	0. 004208	0. 032147
-13	0. 001059	0. 002912	0. 001261	0. 033408
-12	0. 001857	0. 004770	0. 001787	0. 035195
-11	0. 002545	0. 007314	0. 002196	0. 037391
-10	0. 000885	0. 008199	-0. 001300	0. 0360880
-9	0. 001779	0. 009978	-0. 000880	0. 035212
-8	0. 002586	0. 012564	0. 004789	0. 040001
-7	0. 001319	0. 013883	0. 003505	0. 043507
-6	0. 004515	0. 018398	0. 001459	0. 044966
-5	0. 002495	0. 020893	0. 000782	0. 045748
-4	0. 003612	0. 024505	0. 007306	0. 053054
-3	0. 003977	0. 028482	0. 011302	0. 064356
-2	0. 007870	0. 036353	0. 007399	0. 071754
-1	0. 023945	0. 060298	0. 024910	0. 096665
0	0. 016248	0. 076546	0. 042235	0. 138900
1	0. 011175	0. 087721	0. 008777	0. 147677
2	0. 005052	0. 092773	0. 004225	0. 151902
3	0. 006161	0. 098934	0. 000996	0. 152898

续表

DAY	无政治关联组		政治关联组	
	AAR	CAAR	AAR	CAAR
4	0.002257	0.101191	0.002786	0.155684
5	−0.000110	0.101078	0.001377	0.157060
6	7.31×10^{-5}	0.101151	0.005125	0.162186
7	0.000708	0.101859	−0.000750	0.161434
8	0.003570	0.105429	0.002842	0.164276
9	−0.000190	0.105244	−0.001170	0.163102
10	0.004219	0.109463	−0.001870	0.161236
11	0.000344	0.109807	−0.000650	0.160588
12	0.001470	0.111277	−0.001180	0.159410
13	−0.002010	0.109272	−0.003760	0.155647
14	0.001333	0.110604	−0.002040	0.153606
15	0.000683	0.111287	0.003162	0.156768
16	0.001343	0.112630	0.005179	0.161947
17	0.004972	0.117603	0.000851	0.162798
18	0.002492	0.120094	−0.003950	0.158845
19	0.002228	0.122322	0.001349	0.160193
20	−0.000590	0.121733	−0.000950	0.159245
21	−0.001460	0.120271	0.000328	0.159572
22	0.001205	0.121476	0.004366	0.163938
23	0.000303	0.121779	0.004136	0.168074
24	−0.001550	0.120225	0.001984	0.170057
25	0.002452	0.122677	0.000250	0.170308
26	0.000303	0.122980	0.001536	0.171844
27	−0.002030	0.120951	−0.000110	0.171733
28	−0.000330	0.120616	0.000243	0.171976
29	0.000158	0.120774	−0.000260	0.171718
30	0.001056	0.121831	−0.000180	0.171542

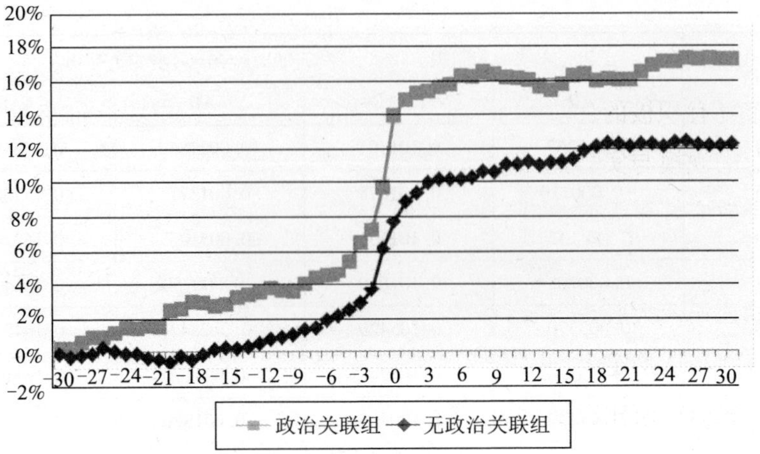

图 4-1　政治关联组与无政治关联组的短期市场表现（CAAR）

（2）组间差异分析。将样本分为政治关联组和无政治关联两组，对比分析两组之间定向增发的宣告效应，结果如表 4-7 所示。无政治关联组样本数为 300，政治关联组样本数为 231，在选取的［-30，30］、［-10，1］、［-5，1］三个事件窗口期，政治关联组样本的宣告效应显著大于无政治关联组定向增发公司的短期宣告效应。窗口期为［-30，30］时，政治关联组比无政治关联组的累计超额收益大 5.1%；窗口期为［-10，1］时，政治关联组比无政治关联组的累计超额收益大 3.6%；窗口期为［-5，1］时，政治关联组比无政治关联组的累计超额收益大 3.9%。

表 4-7　政治关联与无政治关联宣告效应组间比较

Variable	无政治关联组（300）	政治关联组（231）	差异	T 值
CAR［-30，30］	0.1291	0.1791	-0.051	-1.74*
CAR［-10，1］	0.0729	0.109	-0.036	-1.91*
CAR［-5，1］	0.0596	0.0988	-0.039	-2.24**

注：***、**和*分别表示 0.01、0.05 和 0.1 的显著性水平。

4.4.1.4　回归结果

政治关联对定向增发短期宣告效应的回归结果如表 4-8 所示，回归结果（1）、回归结果（2）、回归结果（3）分别为窗口期［-30，30］、

[-10，1]、[-5，1] 的回归结果。事件窗口期为 [-30，30] 时，结果中政治关联和短期宣告效应显著正相关，表明存在政治关联的公司定向增发时，市场有积极的反应。企业家的政治身份同时也在一定程度上反映了民营企业的规模与实力，发挥了信号传递的功能，政治关联的公司定向增发的宣告效应好于无政治关联的公司。

此外，大股东及关联股东参与认购的公司定向增发宣告效应大于其不参与的公司，大股东与关联股东作为公司内部人可以掌握更多的信息，当其积极参与认购定向增发股份时，表明对该公司发展潜力看好，市场反应也好。账面市值比和短期宣告效应显著负相关，表明公司成长性越好，短期宣告效应越好。

当事件窗口期选择 [-10，1] 和 [-5，1] 时，回归结果与窗口期为 [-30，30] 时的基本一致。

表 4-8 政治关联对定向增发宣告效应的影响

VARIABLES	(1)	(2)	(3)
	CAR [-30，30]	CAR [-10，1]	CAR [-5，1]
Constant	0.2710*** -5.223	0.0849** -2.481	0.0760** -2.407
Pc	0.0592** -2.048	0.0328* -1.722	0.0361** -2.054
Identity	0.1040*** -2.811	0.1010*** -4.125	0.0919*** -4.084
Proceeds	-0.00210 (-0.135)	0.00287 -0.280	-0.00322 (-0.341)
ROA	0.0218 -0.296	0.0448 -0.926	0.0501 -1.122
Lev	0.0100 -0.290	0.0207 -0.908	0.0228 -1.083
CDSdum	0.01640 -0.398	-0.00705 (-0.260)	-0.01440 (-0.576)

续表

VARIABLES	(1)	(2)	(3)
	CAR [-30, 30]	CAR [-10, 1]	CAR [-5, 1]
BM	-0.2850*** (-5.375)	-0.0801** (-2.295)	-0.0652*** (-2.023)
Observations	531	531	531
R-squared	0.075	0.052	0.052

注：表中数据为各自变量的回归系数，括号内的数字为 t 检验值，***、**和*分别表示 0.01、0.05 和 0.1 的显著性水平。

4.4.2 中央政治关联对定向增发短期宣告效应的影响

采用中央政府政治关联和地方政府政治关联为衡量指标，进一步检验政治关联对定向增发短期宣告效应的影响。选取窗口期为［-30，30］和［-5，1］进行回归分析，回归结果如表 4-9 所示。中央政府政治关联与定向增发短期宣告效应显著正相关，表明存在中央政府政治关联定向增发向市场传递的信息，是投资认可的利好消息，民营企业建立政治关联是对企业有利的。存在地方政府政治关联在窗口期 CAR［-5，1］时不显著。上市公司与地方政府建立关系成本相对较低，建立中央政府关联将付出更大的成本，传递给企业更明确的信息，企业选择更高成本建立中央政府政治关联，为了企业更多地获得较好的资源和更好地发展，市场宣告效应更好，影响的显著性更大。

表 4-9　政治关联对定向增发宣告效应的影响

VARIABLES	CAR [-30, 30]		CAR [-5, 1]	
	(1)	(2)	(1)	(2)
Constant	0.336*** (6.141)	0.351*** (6.503)	0.079** (2.515)	0.089*** (2.866)
Central	0.069** (2.176)		0.036** (1.976)	

续表

VARIABLES	CAR [-30, 30]		CAR [-5, 1]	
	(1)	(2)	(1)	(2)
Local		0.083* (0.316)		0.009 (1.665)
Identity	0.086** (2.201)	0.084** (2.122)	0.095*** (4.223)	0.0961*** (4.253)
Proceeds	0.003 (0.200)	0.001 (0.030)	-0.003 (-0.327)	-0.004 (-0.413)
ROA	0.002 (0.022)	0.003 (0.033)	0.049 (1.097)	0.049 (1.091)
Lev	-0.0005 (-0.014)	-0.0002 (-0.004)	0.022 (1.056)	0.0221 (1.047)
CDSdum	0.003 (0.0606)	-0.0004 (-0.008)	-0.013 (-0.507)	-0.013 (-0.533)
BM	-0.330*** (-5.871)	-0.319*** (-5.684)	-0.067** (-2.061)	-0.061* (-1.885)
Observations	531	531	531	531
R-squared	0.079	0.076	0.051	0.044

注：表中数据为各自变量的回归系数，括号内的数字为t检验值，＊＊＊、＊＊和＊分别表示0.01、0.05和0.1的显著性水平。

4.5 本章小结

本章选择2006—2013年宣布定向增发预案的民营企业为样本，研究政治关联对定向增发短期宣告效应的影响。研究发现，存在政治关联的民营企业定向增发时有正的宣告效应，体现了政治关联对企业影响的正面作用。具体研究结果如下。

（1）事件窗口期为［-30，30］时，结果中政治关联和短期宣告效应显著正相关，表明存在政治关联的公司定向增发时，市场有积极的反应。

企业家的政治身份同时也在一定程度上反映了民营企业的规模与实力，发挥了信号传递的功能，政治关联的公司定向增发的宣告效应好于无政治关联的公司。当事件窗口期选择［-10，1］和［-5，1］时，回归结果与窗口期为［-30，30］时基本一致。

（2）中央政府政治关联与定向增发短期宣告效应显著正相关，表明存在中央政府政治关联定向增发向市场传递的信息，是投资认可的利好消息，民营企业建立政治关联是对企业有利的。存在地方政府政治关联在窗口期 *CAR*［-5，1］时不显著。上市公司与地方政府建立关系成本相对较低，建立中央政府关系将付出更大的成本，传递给企业更明确的信息，企业选择更高成本建立中央政府政治关联，为了企业更多地获得较好的资源和更好地发展，市场宣告效应更好，影响的显著性更大。

5 政治关联与定向增发后投资效率

5.1 引 言

在我国的上市公司中，普遍存在着股权融资偏好与投资效率低下等现象，上市公司的股权融资将直接或间接通过现金的变化影响企业的投资。在全流通时代，我国上市公司股权融资的主要方式有公开增发、定向增发、IPO、配股、发行可转换债券等。近年来，定向增发成为股权再融资的主要方式，定向增发募集资金用途包括投资项目需要和补充流动资金，将会影响企业的投资决策。

在不考虑代理成本和信息不对称的情况下，企业不会受到资金约束的影响，有效的投资为投资项目净值大于零。但是，在企业经营的实际环境中，代理成本和信息不对称现象都是普遍存在的。由于信息不对称的存在，内部人比外部人掌握了更多信息，在此基础上，顺序融资理论认为，企业融资会首先使用内部资金，之后才使用外部融资。由于外部融资成本较高，内部资金会限制企业的投资支出，若内部资金不足，且外部融资无法取得时，投资将无法进行；若有充足的内部资金，就可以顺利投资，产生了投资与现金流敏感性。由于各国发展水平不一致，除已有对经济水平较高国家的研究外，也有大量文献研究了发展中国家融资约束对投资的影响。我国处于市场经济体制改革阶段，企业投融资各方面有其本身的特征，发达国家存在融资约束对投资现金流的敏感性，而中国的情况可能不一样，国内学者已经做了相关研究，通过选取中国的上市公司数据检验企业投资对现金流量的敏感度（Fazzari et al.，1988），但得到的结论并不一样。有些研究认为投资现金流敏感性存在于中国企业，Chow 和 Fung（1998）根据中国上市公司的性质，将企业分为四种类型，对比检验了现金流量对企业投资的影响，结果显示投资现金流敏感性在私有公司里最明显，由于国家对国有企业的帮扶作用大，而私有企业融资受到约束，得到的保护少，故其投资现金流敏感性更高。也有研究得出的结论与 Fazzari 等的观点并不一致。郭丽虹和金德环（2007）将企业分为融资约束强、弱两组，划分指标为 Q 值和资产负债率，结果显示融资约束程度与投资现金流敏感性不存在显著的正相关关系。同样地，连玉君和程建（2007）选用了不同的指标划分融资约束程度，检验投资现金流敏感性，结论发现投资现金流敏感度高的企业反而是无融资约束公司。

民营企业相对于国有企业更多地存在融资约束和现金流不足的情况，为了更好地发展，可以通过与政府建立关系获得更多资源，缓解融资约束和补充现金流。定向增发发行采用审核制度，政治关联直接影响到企业能否通过审核，而企业定向增发通过审核后，企业的资金状况是否得到改善，其直接影响的企业投资效率如何。本章将研究政治关联对定向增发后企业投资的影响，以及中央政府政治关联和地方政府政治关联对定向增发后企业投资的影响。主要贡献为：探讨政治关联对定向增发经济后果的影响，以定向增发为路径，研究了政治关联对企业投资的影响。

本章其余部分的结构安排如下：第二部分是文献回顾及研究假设。第三部分是数据来源及研究设计。第四部分是政治关联对定向增发后投资效率的影响研究。第五部分是本章小结。

5.2 文献回顾及研究假设

关于投资的文献主要包括信息不对称和代理理论两个方面，具体体现为研究企业融资和现金对投资的影响。一般非效率投资分为过度投资和投资不足。Myers 和 Majluf（1984）主要从信息不对称的角度研究企业融资和投资，指出企业内部人掌握信息多，而一般债权人和投资者处于信息劣势，导致企业融资受到限制，企业没有足够的资金进行投资。同样基于信息不对称理论，Fazzari 等（1988）首次提出了投资现金流敏感性，结果表明融资约束与投资现金流敏感性正相关。当信息不完备时，Bebchuk 和 Stole（1993）认为经理人为追求其自身利益最大化，可能进行非效率投资。当经理层只追求短期目标时，可能导致长期投资不足、短期投资过度。而信息不完全的程度会影响企业过度投资或投资不足。企业投资涉及的第二个重要理论是代理理论。代理理论对投资的影响，具体通过管理层和股东、债权人和股东两个方面的代理问题进行。代理问题直接影响企业的决策，包括投资决策可能引起过度投资，也可能导致投资不足。自由现金流理论最早由 Jensen 和 Meckling（1976）提出，该理论认为当代理问题存在于管理层和股东之间时，为了最大化自身利益，管理层会投资 NPV 小于零的投资项目，使企业投资过度。Richardson（2006）基于代理理论研究企业投资，首先设计出了投资预期模型，结果显示，代理问题存在于管理层和股东之间，通过自由现金流引起企业过度投资。另有文献以终极股东和中小股东的代理问题为出发点进行研究，彭文伟等（2009）认为此代理冲突影响了企业投资决策。与此相类似，俞红海等（2010）发现此代理冲突与企业投资有关，当股权集中、终极股东与中小股东代理冲突变大时，公司会因此出现自由现金流引起的过度投资。另一种债权人和股东之间的冲突会减少企业现金，导致企业无足够资金投资，Jensen 和 Meckling（1976）研究了在债权人代理冲突下，当企业融资比例较大、债务风险增加时，债权人会增加企业融资资金的限制条件，进而引起投资不足。

存在政治关联的民营企业家的政治身份在一定程度上反映了民营企业的规模与实力，发挥了信号传递的功能，在一定程度上消除了信息不对称的问题（胡旭阳，2006）。从监督效应来看，Wruck（1989）发现当投资者参与公司私募发行时，持有私募发行公司的股权为了获得更多股权收益，投资者会监督企业的经营和融资的使用以及投资项目的效率，以提高公司的投资效率。另外，企业能够与政府建立关系就需要付出成本，而且即使付出成本也不一定能成功建立政治关系，能够成功建立政治关联的企业，说明其本身决策效率高，因此成功建立政治关联的企业一般被认为是经营良好的企业（胡旭阳，2010）。建立政治关联的民营企业，多是为了获得资源主动建立的，且本身是经营业绩优秀的公司。定向增发融资决策中募集资金投资更加高效，企业本身能够更好地识别投资机会，有效利用融资资金，因此当定向增发的民营企业存在政治关联时，可以减少企业过度投资。由于企业定向增发获得了资金，定向增发后公司投资不足问题并不明显。根据分析提出假设：

假设 1：政治关联的公司定向增发后过度投资少于无政治关联的定向增发公司。

对于政治关联和企业价值的关系，学者们最先只是探讨有无政治关联企业各方面决策的差异，随着研究的深入，将政治关联指标进行了更详细的划分，找出了更多指标来衡量政治关联。归纳已有政治关联的研究文献，张祥建和郭岚（2010）认为政治关联与企业的关系有三种：第一种是正相关关系，由于政府可以提供更多资源，建立政治关联可以提高企业业绩；第二种是负相关关系，由于政府通过政治关系干预企业经营，导致政治关联的建立降低了企业业绩。第三种是无关系，认为政治关联不影响企业业绩。政治关联强度与企业业绩的关系主要为前两种，不同的学者采用不同的样本和方法得出了不同的结论。

为了发展地方经济，地方政府在扶持民营企业方面表现出了强大的动力，制定了相对灵活和优惠的政策措施，以吸引更多的民营资本到其管辖区内进行投资（张祥建、郭岚，2010），从而引起了企业的过度投资。同时，存在政治关联的企业为了更好地发展公司，减少企业的非效率投资，两种影响相抵消，地方政治关联对公司的过度投资不会有显著影响。存在中央政府政治关联的企业，由于是整体经济的体现以及我国的经济制度并不存在严格的中央政府经济考核，由政府控制引起的过度投资问题并不明显。建立中央政府政治关联多数是为了公司更好的发展，且中央政府政治关联的建立成本高于地方政府政治关联，这样公司才有更大的动力发展公司，提高财务决策效率，可以有效控制企业的过度投资。

假设2：中央政府政治关联的公司定向增发后过度投资少于无中央政府政治关联的定向增发公司。

假设3：地方政府政治关联不会显著影响公司过度投资。

5.3 数据来源及研究设计

5.3.1 样本选取

定向增发从2006年5月8日开始实施，故样本区间为2006—2013年，选取实施定向增发的公司；由于国有企业与民营企业政治关联的建立方式有差异，本章只选取民营企业样本。样本筛选如下：①剔除金融业样本；②删除财务指标数据不全样本，共有民营企业定向增发发行363个样本。其中，财务数据选自csmar数据库，定向增发预案数据选自wind数据库，手工搜集了董事长和总经理的简历，得到了政治关联数据。

5.3.2 变量界定与模型设计

5.3.2.1 主要变量解释

（1）政治关联变量（Pc），本章将研究政治关联对公司定向增发行为的影响。具体衡量指标为有无政治关联（郝项超、张宏亮，2011）、有无中央政府政治关联和有无地方政府政治关联（梁莱歆、冯延超，2010；胡旭阳，2006）。

有无政治关联，结合中国的实际情况，以高层管理人员（董事长和总经理）曾任或现任人大代表、政协委员及政府官员的经历衡量。若有此经历，为存在政治关联；若无此经历，为无政治关联。设虚拟变量Pc，若存在政治关联，*Pc* 为1；否则为0。

有无中央政府政治关联，以高层管理人员（董事长和总经理）曾任或现任全国人大代表、全国政协委员及中央政府官员的经历衡量。若有此经历，为存在中央政府政治关联；若无此经历，为无中央政府政治关联。设虚拟变量 *Central*，若存在中央政府政治关联，*Central* 为1；否则为0。

有无地方政府政治关联，以高层管理人员（董事长和总经理）曾任或现任地方人大代表、地方政协委员及地方政府官员的经历衡量。若有此经历，为存在地方政府政治关联；若无此经历，为无地方政府政治关联；设虚拟变量 *Local*，若存在地方政府政治关联，*Local* 为1；否则为0。

（2）投资过度（$OverINV_t$），Richardson（2006）预期投资模型的正残差。投资不足（$UnderINV_t$），Richardson（2006）预期投资模型的负残差。

（3）发行规模（*Proceeds*）。衡量定向增发募集资金额，取募集资金的自然对数。

（4）认购对象变量（*Identity*）。定向增发对象中有大股东及关联股东参与认购的样本，*Identity* 取1；大股东未参与认购样本，*Identity* 为0（章卫东、李德忠，2008；邓路，2010）。

（5）其他控制变量包括大股东控制力、账面市值比、总资产收益率、资产负债率。

具体变量名称及计算如表5-1所示。

表5-1 主要变量定义

变量	变量名称	变量定义
IMVt	新增投资	固定资产、长期投资和无形资产的净值改变量/平均总资产
$Cash_{t-1}$	现金持有	上年货币资金持有量/总资产
Lev_{t-1}	资产负债率	上年末的资产负债率
Age_{t-1}	上市时间	上年末总资产的自然对数
$Size_{t-1}$	公司规模	截至上年末的公司上市年龄
RET_{t-1}	公司回报率	上年股票年度回报率

续表

变量	变量名称	变量定义
$Growth_{t-1}$	公司成长性	上年末营业收入增长率（$Growth1_{t-1}$）或 Tobin-Q 值（$Growth2_{t-1}$）
$OverINV_t$	投资过度	模型（1）的正残差
$UnderINV_t$	投资不足	投资不足，模型（1）的负残差的绝对值
Pc	政治关联	以高层管理人员（董事长和总经理）曾任或现任人大代表、政协委员及政府官员的经历，若有此经历为存在政治关联，若无此经历为无政治关联。若存在政治关联 *Pc* 为 1，否则为 0。
Central	中央政府政治关联	高管的最高行政级别的任职部门属于中央政府，*Central* 为 1，否则为 0。
Local	地方政府政治关联	高管的最高行政级别的任职部门属于地方政府，*Local* 为 1，否则为 0。
Identity	认购对象	虚拟变量，当定向增发大股东及关联股东参与认购时，定义为 1，否则为 0。
Proceeds	发行规模	募集资金额（亿元）的自然对数
CDSdum	大股东控制力	参照（Cronqvist and Nilsson，2005；邓路，2010）设为虚拟变量，预案公告前一年末上市公司第一大股东持股比例大于 50%，则取值为 1，否则取 0。
BM	账面市值比	上年末账面价值/市场价值
ROA	总资产收益率	上年末上市公司净利润/总资产
Lev	资产负债率	上年末上市公司总负债/总资产
Industry	行业虚拟变量	控制行业的影响
Year	年度虚拟变量	控制年度的影响

5.3.2.2　模型构建

本章采用 Richardson（2006）的衡量方法，对样本公司投资效率进行衡量，该方法的基本回归模型如下：

$$Inv_t = \alpha_0 + \alpha_1 Inv_{t-1} + \alpha_2 Cash_{t-1} + \alpha_3 Lev_{t-1} + \alpha_4 Size_{t-1} + \alpha_5 Age_{t-1} + \alpha_6 Ret_{t-1} + \alpha_7 \mathrm{Growth}_{t-1} + \sum Industry + \sum Year + \varepsilon \tag{5-1}$$

采用如下模型检验政治关联对定向增发后企业投资的影响：

$$OverINV_t(UnderINV_t) = \alpha_0 + \alpha_1 Pc + \alpha_2 Identity + \alpha_3 Proceeds + \alpha_4 Lev + \alpha_5 ROA + \alpha_6 BM + \varepsilon \quad (5-2)$$

5.4 实证检验结果

5.4.1 投资效率的衡量

（1）描述性统计

衡量定向增发公司投资效率的相关变量描述性统计如表 5-2 所示，其中新增投资均值为 0.108，前一年的新增投资均值为 0.0554，现金持有均值为 0.171，资产负债率均值为 0.837，公司规模均值为 21.09，销售增长率均值为 3.086，Q 值平均为 4.126，回报率平均为 0.838，样本公司平均上市时间为 7 年。

表 5-2 投资模型相关变量描述性统计

变量	样本	均值	标准差	最小值	最大值
INV_t	363	0.108	0.206	−0.405	1.057
INV_{t-1}	363	0.055	0.190	−1.679	0.933
$Cash_{t-1}$	363	0.171	0.137	0.0001	1.000
Lev_{t-1}	363	0.837	4.425	0.017	82.560
$Size_{t-1}$	363	21.090	1.195	14.110	24.810
$Growth1_{t-1}$	363	3.086	32.660	−0.999	565.100
$Growth2_{t-1}$	363	4.126	20.220	0.524	334.500
RET_{t-1}	363	0.838	1.290	−0.784	5.253
Age_{t-1}	363	7.025	4.873	0	19.000

（2）定向增发公司投资效率计算

模型（5-1）新增资本支出（INV_t）为解释变量，用以衡量投资效率，投资过度使用回归结果中正残差衡量，负残差则表示为投资不足，模型中成长性用销售增长率和 Tobin-Q 值两个变量衡量，回归结果如表 5-3 所示。结果表明，上年的资本投资、现金持有量、股票年度收益率与预期符号一致且显著。其中，公司规模和公司年龄与预期符号不一致且显著，表明定向增发样本公司规模与资本投资负相关，公司上市时间与资本投资正相关。企业成长性替代变量营业收入增长率与预期符号一致但不显著，成长性另一个替代变量为 Tobin-Q 值，与预期符号一致且显著。

表 5-3 投资模型回归结果

VARIABLES	预期符号	*Growth*：销售增长率		*Growth*：*Tobin-Q*	
		系数	t 值	系数	t 值
Constant		1.243***	5.318	1.007***	4.572
INV_{t-1}	+	0.097	1.279	0.129*	1.812
$Cash_{t-1}$	+	0.238**	2.413	0.196**	1.994
Lev_{t-1}	-	-0.036**	-2.393	-0.055***	-4.246
$Size_{t-1}$	+	-0.056***	-5.169	-0.046***	-4.400
RET_{t-1}	+	0.015	1.256	0.002	0.172
Age_{t-1}	-	0.008***	3.287	0.007***	3.317
$Growth1_{t-1}$	+	-0.0009	-1.225		
$Growth2_{t-1}$	+			0.013***	-3.981
Year		控制		控制	
Industry		控制		控制	
Observations		363		363	
R-squared		0.263		0.288	

注：***、**和*分别表示 0.01、0.05 和 0.1 的显著性水平。

5.4.2 政治关联与定向增发后企业投资

5.4.2.1 描述性统计

表 5-4 为政治关联、定向增发与企业投资研究相关变量的描述性统计，PanelA 是过度投资（$OverINV_t$）的定向增发样本，共有 135 个观测值，

过度投资平均为0.145，存在政治关联的公司有50.4%。PanelB是投资不足（$OverINV_t$）的定向增发样本，共有204个观测值，投资不足平均为-0.096，存在政治关联的公司有45.6%。

表5-4 变量描述性统计

PanelA：过度投资样本					
变量	样本	均值	标准差	最小值	最大值
$OverINV_t$	135	0.145	0.177	0	0.742
PC	135	0.504	0.502	0	1
Identity	135	0.252	0.436	0	1
Proceeds	135	2.113	0.949	-0.562	5.508
ROA	135	0.075	0.070	-0.082	0.627
Lev	135	0.473	0.163	0.060	0.884
CDSdum	135	0.237	0.427	0	1
BM	135	0.713	0.273	0.214	1.591
PanelB：投资不足样本					
变量	样本	均值	标准差	最小值	最大值
$UnderINV_t$	228	-0.096	0.072	-0.422	-0.0004
PC	228	0.456	0.499	0	1
Identity	228	0.162	0.370	0	1
Proceeds	228	1.783	0.806	-0.371	4.424
ROA	228	0.0773	0.121	-0.229	1.613
Lev	228	0.426	0.194	0.047	0.902
CDSdum	227	0.185	0.389	0	1
BM	228	0.695	0.318	0.149	2.703

5.4.2.2 相关性分析与组间差异分析

（1）表5-5和表5-6分别是政治关联和定向增发后过度投资及投资不足的相关性结果。结果显示，政治关联和定向增发后过度投资存在显著的负相关关系，中央政府政治关联和定向增发后过度投资存在负相关关系，但地方政府政治关联和定向增发后过度投资关系不显著。

在政治关联和定向增发后投资不足的相关性结果中，政治关联和定向增发后投资不足的关系均不显著，表明通过定向增发融资，公司可能并不存在投资不足，政治关联也基本没有影响。

表 5-5 政治关联与定向增发后过度投资的相关性

	r	*Pc*	*Central*	*Local*	*Identidy*	*Proceeds*	ROA	LEV	*CDSdum*	BM
r	1									
Pc	-0.160*	1								
Central	-0.189**	0.438***	1							
Local	-0.06	0.798***	-0.067	1						
Identidy	0.158*	0.03	0.067	-0.012	1					
Proceeds	0.239***	0.064	0.134	0.086	0.214**	1				
ROA	-0.075	0.008	0.008	0.055	-0.013	0.121	1			
LEV	-0.032	0.197**	0.136	0.163*	0.168*	0.109	-0.274***	1		
CDSdum	0.299***	-0.178**	-0.01	-0.234***	0.319***	0.270***	0.133	-0.026	1	
BM	0.196**	-0.063	-0.14	-0.005	0.174**	0.274***	-0.354***	0.232***	0.204**	1

注：表中＊＊＊、＊＊和＊分别表示 0.01、0.05 和 0.1 的显著性水平。

表 5-6 政治关联与定向增发后投资不足的相关性

	r	*Pc*	*Central*	*Local*	*Identidy*	*Proceeds*	ROA	LEV	*CDSdum*	BM
r	1									
Pc	-0.008	1								
Central	0.03	0.339***	1							
Local	0.002	0.915***	0.055	1						
Identidy	-0.192***	0.051	0.032	0.042	1					
Proceeds	0.094	-0.052	0.005	-0.045	0.206***	1				
ROA	-0.278***	0.043	0.015	0.045	-0.045	-0.076	1			
LEV	0.087	0.074	-0.053	0.096	0.393***	0.210***	-0.111*	1		
CDSdum	-0.128*	-0.001	-0.108	0.041	0.404***	0.331***	0.183***	0.189***	1	
BM	0.134*	-0.036	-0.102	0.01	0.143**	0.274***	-0.195***	0.249***	0.301***	1

注：表中＊＊＊、＊＊和＊分别表示 0.01、0.05 和 0.1 的显著性水平。

（2）将定向增发公司分为无政治关联组和政治关联组两组，检验其投资效率的差异，结果如表5-7所示。按照成长性的两个变量分别进行对比分析，PanelA中用销售增长率代表企业成长性，政治关联组定向增发后的过度投资水平显著小于无政治关联组，表明政治关联对定向增发后的过度投资有抑制作用，可以减少定向增发企业的非效率投资。PanelB中成长性为Tobin-Q变量，分析结果与采用销售收入增长率结果相一致，表明政治关联的企业定向增发后过度投资水平低于无政治关联的定向增发样本。PanelA和PanelB中，有无政治关联对定向增发后投资不足的影响无显著差异。

表5-7 政治关联对企业投资的对比分析

PanelA：Growth1（销售增长率）				
	过度投资	T值	投资不足	T值
无政治关联（235）	0.186	6.620	-0.093	-14.640
政治关联（103）	0.119	7.510	-0.910	-10.430
政治关联—无政治关联	-0.067	3.040***	-0.003	1.520
PanelB：Growth2（Tobin-Q）				
	过度投资	T值	投资不足	T值
无政治关联（235）	0.180	6.580***	-0.096	-13.940
政治关联（103）	0.111	7.450***	-0.091	10.630
政治关联—无政治关联	-0.069	2.280**	-0.026	1.190

注：表中***、**和*分别表示0.01、0.05和0.1的显著性水平。

5.4.2.3 回归分析

（1）表5-8是政治关联与定向增发后公司投资的回归结果，即模型（5-2）的回归结果。其中，回归结果（1）、回归结果（2）是营业收入增长率表示成长机会，回归结果（3）、回归结果（4）是Tobin-Q值表示成长机会。回归结果（1）、回归结果（3）中变量政治关联与定向增发后过度投资显著负相关，与假设一致，表明定向增发的公司中，政治关联可以抑制企业过度投资，减少企业非效率行为。建立政治关联的民营企业，多是为了获得资源而主动建立，且本身是经营业绩优秀的公司。定向增发融资决策中募集资金投资更加高效，企业本身能够更好地识别投资机会，有效利用融资资金。因此，当定向增发的民营企业存在政治关联时，可以减少企业过度投资。

回归结果（2）、回归结果（4）中政治关联不影响定向增发后的企业投资不足。说明企业采用定向增发融资时，可以使用的现金增加，更多则会导致企业过度投资，由于募集到的资金补充，定向增发公司投资不足问题并不明显，因此在定向增发样本里，政治关联对企业投资不足的影响不显著。

表 5-8　政治关联与定向增发后公司投资回归结果

	Growth：销售增长率		*Growth*：*Tobin*－*Q*	
VARIABLES	$OverInv_t$（1）	$UnderInv_t$ 1_t（2）	$OverInv_t OverINV2_t$（3）	$UnderInv_t$（4）
Constant	0.102 （1.466）	−0.122*** （−6.573）	0.12 （1.604）	−0.116*** （−5.925）
Pc	−0.054* （−1.784）	−0.002 （−0.202）	−0.066** （−2.195）	0.002 （0.215）
Identity	−0.044 （−1.432）	−0.023** （−2.146）	−0.027 （−0.822）	−0.019 （−1.591）
Proceeds	0.036* （−1.916）	0.009 （1.276）	0.024 （1.275）	0.005 （0.652）
Lev	−0.097 （−0.970）	0.0439 （1.615）	−0.106 （−1.026）	0.0425 （1.473）
ROA	−0.241	−0.158***	−0.239	−0.117***
BM	0.0951 （1.500）	0.017 （1.033）	0.103 （1.571）	0.0138 （0.792）
Observations	135	228	135	228
R-squared	0.133	0.143	0.11	0.087

注：表中数据为各自变量的回归系数，括号内的数字为 t 检验值，***、** 和 * 分别表示 0.01、0.05 和 0.1 的显著性水平。

（2）表 5-9 是分析中央政府政治关联与地方政府政治关联对定向增发

公司投资的影响。回归结果表明，在过度投资的定向增发公司中，中央政府政治关联有显著的抑制作用，地方政府政治关联不影响企业过度投资。地方政府为了当地经济发展会大力扶持民营企业，鼓励更多的民营资本到其管辖区内进行投资，从而引起了企业的非效率投资。同时，存在政治关联的企业为了更好地发展公司，减少企业的非效率投资，两种影响相抵消，地方政府政治关联对公司的过度投资不会有显著影响。存在中央政府政治关联的企业，由政府控制引起的过度投资问题并不明显，建立中央政府政治关联多数是为了公司更好的发展，可以有效控制企业的过度投资。

投资不足样本中，中央政府政治关联和地方政府政治关联与定向增发后企业投资均不显著，故中央政府政治关联和地方政府政治关联对定向增发投资不足没有显著影响。由于定向增发募集到的资金补充，公司投资不足问题并不明显，因此在定向增发样本里，中央和地方政府政治关联对企业投资不足的影响不显著。控制变量中定向增发对象和总资产收益率与投资不足显著负相关，表明公司总资产收益率越高，公司经营越有效率，企业较少存在投资不足。

表 5-9 中央政府政治关联对定向增发后企业投资的影响

VARIABLES	过度投资		投资不足	
	中央政府政治关联	地方政府政治关联	中央政府政治关联	地方政府政治关联
Constant	0.112 (1.618)	0.0946 (1.345)	−0.136*** (−7.606)	−0.135*** (−7.459)
Central	−0.109*** (−2.624)		0.016 (0.959)	
Local	−0.0213 (−0.44)		0.004 (−0.686)	
Identity	0.0488 (1.412)	0.0436 (1.23)	−0.061*** (−4.229)	−0.060*** (−4.155)
Proceeds	0.035* (1.901)	0.032* (1.663)	0.008 (1.272)	0.008 (1.282)

续表

VARIABLES	过度投资		投资不足	
	中央政府政治关联	地方政府政治关联	中央政府政治关联	地方政府政治关联
Lev	-0.129 (-1.322)	-0.145 (-1.434)	0.078*** (2.795)	0.075*** (2.71)
ROA	-0.308 (-1.305)	-0.246 (-1.020)	-0.155*** (-4.122)	-0.156*** (-4.140)
BM	0.056 (0.879)	0.0869 (1.362)	0.0165 (1.065)	0.015 (1.000)
Observations	135	135	228	228
R-squared	0.152	0.11	0.197	0.194

注：表中数据为各自变量的回归系数，括号内的数字为t检验值，***、**和*分别表示0.01、0.05和0.1的显著性水平。

5.4.3 稳健性检验

为检验上述结论的可靠性，进行稳健性检验，衡量投资效率的 Richardson（2006）模型计算出的企业投资水平有严格的划分，残差大于0为过度投资，残差小于0则是投资不足，而结果中等于0的样本非常少。在此部分的检验中，将残差平均分为三组，取最大的一组为过度投资组，残差最小组为投资不足组，再进一步研究政治关联对企业投资效率的影响，回归结果与上面结论基本一致，表明研究结果比较稳健。

5.5 本章小结

本章选择2006—2013年进行定向增发的民营企业为样本，研究政治关联对定向增发后企业投资的影响。研究发现，存在政治关联的民营企业定向增发后，投资效率好于无政治关联企业，体现了政治关联的正面作用。具体研究结果如下。

（1）政治关联与定向增发后过度投资显著负相关，与假设相一致，表明定向增发的公司中，政治关联可以抑制企业过度投资，减少企业非效率行为。建立政治关联的民营企业，多是为了获得资源而主动建立，且本身是经营业绩优秀的公司。定向增发融资决策中募集资金投资更加高效，企业本身能够更好地识别投资机会，有效利用融资资金。因此，定向增发的民营企业存在政治关联，可以减少企业过度投资。政治关联不影响定向增发后的企业投资不足，这说明企业采用定向增发融资时，企业可以使用的现金增加，更多则会导致企业过度投资，由于募集到资金的补充，定向增发公司投资不足问题并不明显，因此在定向增发样本里，政治关联对企业投资不足的影响不显著。

（2）中央政府政治关联与地方政府政治关联对定向增发公司投资的影响。回归结果表明，在过度投资的定向增发公司中，中央政府政治关联有显著的抑制作用，地方政府政治关联不影响企业过度投资。地方政府为了当地经济发展会大力扶持民营企业，鼓励更多的民营资本到其管辖区内进行投资，从而引起了企业的非效率投资。同时，存在政治关联的企业为了更好地发展公司，减少企业的非效率投资，两种影响相抵消，地方政府政治关联对公司的过度投资不会有显著影响。而存在中央政府政治关联的企业，由政府控制引起的过度投资问题并不明显，建立中央政府政治关联多数是为了公司更好的发展，可以有效控制企业的过度投资。

投资不足样本中，中央政府政治关联和地方政府政治关联与定向增发后企业投资均不显著，故中央政府政治关联和地方政府政治关联对定向增发投资不足没有显著影响。由于定向增发募集到资金的补充，公司投资不足问题并不明显。

6 政治关联与定向增发长期业绩及市场表现

6.1 引 言

定向增发作为上市公司股权再融资方式，通过向符合条件的少数特定投资者非公开发行股份募集资金，投入预期的投资项目。若定向增发募集资金高效地投入项目，必定会提高公司业绩，融资的效果短时间内并不能显现，那么定向增发的长期业绩和长期市场表现如何？Marciukaityte 等（2005）结合投资者情绪，检验了定向增发之后的长期市场表现，分别计算了之后 3 年和 5 年的长期超额累计收益，均为负数，并进一步研究了其中原因，认为定向增发时投资情绪越乐观，长时间后市场表现越不好。邓路等（2011）研究发现，采用购买持有超额收益方法和日历时间组合回归方法均验证了上市公司实施定向增发后 2 年内总体上表现强势的特征，得出了与美国股市私募发行后公司长期业绩相反的结论。

存在政治关联的公司可以获得更多的资源，有利于公司的财务决策，如债务融资便利性、会计透明度的要求较低、资本成本低、政府援助和税收优惠。梁莱歆和冯延超（2010）以人大代表、政协委员、前政府官员为政治关联衡量指标，认为更多的政府补贴和进入限制性行业的机会给予了政治关联的公司，一方面是因为政府的扶持；另一方面因政治关联企业本身的高知名度。关于政治关联在对企业投资限制性行业的分析中，张敏等（2010）研究发现，公司通过建立政治关系可以通过更多投资项目的审批。在投资实施中，需要的资金、税收优惠及相关资源方面更有优势。研究德国的企业后，Niessen 和 Ruenzi（2010）检验了政治关联和企业业绩的关系，从市场绩效指标和会计业绩指标两个方面进行衡量。结果显示，政治关联对两个方面的业绩有显著为正的影响。

建立政治关联有利于企业通过审核、较好的短期市场宣告效应，以及较好的投资效率。那么从长时间来看，定向增发后的长期业绩和长期市场表现如何？研究此问题可以更全面地了解政治关联对定向增发的影响，本章将从会计业绩和长期市场表现两个方面研究政治关联对定向增发的影响。主要贡献是从政治关联的角度分析定向增发长期业绩和市场表现，给出定向增发后业绩和市场表现新的研究视角，提供了政治关联公司业绩影响的新路径。

本章其余部分的结构安排如下：第二部分是文献回顾及研究假设。第三部分是数据来源及研究设计。第四部分是政治关联对长期业绩和长期市场表现的影响研究。第五部分是研究结论。

6.2 文献回顾及研究假设

Marciukaityte 等（2005）结合投资者情绪，检验定向增发之后的长期市场表现，分别计算了之后 3 年和 5 年的长期超额累计收益，均为负数，并进一步研究了其中原因，认为定向增发时投资情绪越乐观，长时间后市场表现越不好。Hertzel 等（2002）检验了美国私募发行的长期表现，样本时间为 1980—1996 年。通过选取配对样本，选取指标为公司规模与账面市值比，以配对样本收益率为基准，计算了定向增发后 3 年的持有收益率，结果显示，定向增发后的持有收益为负。另外，选取会计业绩指标，分析定向增发对长期业绩的影响，首先分析了定向增发 ROA 的变化，ROA 是经过行业调整后的数据。定向增发前后 6 年的 ROA 均小于零，对比定向增发前后的总资产收益率，结果发现定向增发后的总资产收益率较低。针对美国的资本市场，Chou 等（2009）研究了定向增发后公司的长期表现。以 Q 值为分类标准，将私募发行公司分为高、低 Q 值两组数据，结果发现高 Q 值组的长期市场表现不佳，但低 Q 值公司不存在长期业绩变弱的问题。Chou 和 Gombola 等（2009）通过结果分析认为高 Q 值公司的长期市场表现不佳，可能受到当时私募发行时投资者过度乐观的影响。

同样，国内学者也对我国上市公司的长期市场进行了分析和探讨。李菊（2009）的研究结论显示，进行定向增发的公司，大股东参与认购，通过优质资产注入可以提升公司价值，机构投资者参与认购，既可以监督企业经营，也会促进公司发展。邓路等（2011）采用我国上市公司定向增发样本，检验了定向增发后 3 年的长期业绩和市场表现，衡量长期市场表现使用了购买持有超额收益方法和日历时间组合法两种方法，计算和回归得出的定向增发 2 年后的长期市场表现显著为正，得到了与美国市场不一样的结果。长期会计业绩方面，通过选取配对样本，对比分析后发现定向增发公司业绩较好。长期业绩和长期表现好，表明定向增发宣告是市场反应不足。

关于政治关联对企业价值的影响，国内外学者做了大量研究，研究德国的企业后，Niessen 和 Ruenzi（2010）检验了政治关联和企业业绩的关系，从市场绩效指标和会计业绩指标两个方面进行衡量。结果显示，政治关联对两个方面的业绩均有显著为正的影响。企业管理层应该将更多精力放在经营公司上，而不是思考如何构建与政府的关系，但是由于制度环境的限制，构建政治关联的成本低于通过政治关联获得资源的收益，构建政治关系可以促进企业业绩的提升，保护企业的发展。在对世界各国的研究中，Faccio（2006）选取了多个国家的公司，运用事件研究法检验政治关联对企业价值的影响。结果发现，当企业构建政治关联时，市场短期获得了正的超额收益。针对我国的上市公司，大量学者研究了政治关联与企业价值的关系。夏立军和方铁强（2005）、陈冬等（2009）检验了政治关联与企业价值的关系。由于我国的经济制度和法律制度尚不完善，企业为了公司更好地发展、获得更多资源，将会与政府建立联系。政治关联对企业的发展产生了有利影响。我国上市公司股权融资有严格的条件限制，而且需要证监会的严格审核才可以进行，张祥建和郭岚（2010）研究认为民营企业为了获得更多的资源、获得政府的资源配置，可以通过与政府建立联系获得政府的支持，提高公司价值。因此，提出假设：

假设 1：政治关联公司定向增发后的长期会计业绩好于无政治关联公司。

假设 2：政治关联公司定向增发后的长期市场表现好于无政治关联公司。

6.3 数据来源及研究设计

6.3.1 样本选取

已有文献中关于长期表现的时间界定并不完全相同，主要选用 3 年和 5 年两种。Ritter（2003）选取的时间为公开发行后的 3 年。Spiess 和 Affleck-Graves（1995）的研究期间是融资后的 5 年时间表现。Loughran 和 Ritter（1995）关于新股发行长期弱势的研究采用 3 年和 5 年两个时间段。

定向增发从 2006 年 5 月 8 日开始实施，若选取 5 年时间段，则样本量不能达到研究的要求，所以选取 3 年为长期时间段，研究定向增发后的长期业绩和市场表现，样本区间为 2006—2009 年，选取进行定向增发的民营企业样本。样本筛选如下：①剔除金融业样本；②删除财务指标数据不全样本，共有 113 个样本。其中，财务数据选自 csmar 数据库，定向增发预案数据选自 wind 数据库，手工搜集了董事长和总经理的简历，得到了政治关联数据。

6.3.2 变量界定与长期市场表现计算方法

6.3.2.1 主要变量解释

（1）政治关联变量（*Pc*）。本章将研究公司董事长及总经理曾任或现任人大代表、政协委员及政府官员对公司定向增发行为的影响。具体衡量指标为有无政治关联（郝项超、张宏亮，2011）、有无中央政府政治关联和有无政府地方政治关联（梁莱歆、冯延超，2010；胡旭阳，2006）。

有无政治关联，结合中国的实际情况，以高层管理人员（董事长和总经理）曾任或现任人大代表、政协委员及政府官员的经历衡量。若有此经历，为存在政治关联；若无此经历，为无政治关联。设虚拟变量 *Pc*，若存在政治关联，*Pc* 为 1；否则为 0。

有无中央政府政治关联，以高层管理人员（董事长和总经理）曾任或现任全国人大代表、全国政协委员及中央政府官员的经历衡量。若有此经历，为存在中央政府政治关联；若无此经历，为无中央政府政治关联。设虚拟变量 *Central*，若存在中央政府政治关联，*Central* 为 1；否则为 0。

有无地方政府政治关联。以高层管理人员（董事长和总经理）曾任或现任地方人大代表、地方政协委员及地方政府官员的经历衡量。若有此经历，为存在地方政治关联；若无此经历，为无地方政治关联。设虚拟变量 *Local*，若存在地方政府政治关联，*Local* 为 1；否则为 0。

（2）长期会计业绩衡量。平均总资产收益率（MROA），为定向增发后三年 ROA 平均值；平均净资产收益率（MROE），为定向增发后三年 ROE 平均值；平均每股收益（MEPS），为定向增发后三年 EPS 平均值。

（3）发行规模（*Proceeds*）。为用以衡量定向增发募集资金额，选取募集资金的自然对数。

（4）认购对象变量（*Identity*）。定向增发对象中有大股东及关联股东参与认购的样本，*Identity* 取 1；大股东未参与认购样本 *Identity* 为 0（章卫东、李德忠，2008；邓路，2010）。

（5）其他控制变量包括大股东控制力、账面市值比、总资产收益率、资产负债率。

具体变量名称及计算如表 6-1 所示。

表 6-1 主要变量定义

变量	变量名称	变量定义
Pc	政治关联	以高层管理人员（董事长和总经理）曾任或现任人大代表、政协委员及政府官员的经历衡量，若有此经历，为存在政治关联；若无此经历，为无政治关联。若存在政治关联 *Pc* 为 1；否则为 0
Central	中央政府政治关联	高管的最高行政级别的任职部门属于中央政府，*Central* 为 1；否则为 0
Local	地方政府政治关联	高管的最高行政级别的任职部门属于地方政府，*Local* 为 1；否则为 0
Identity	认购对象	虚拟变量，当定向增发大股东及关联股东参与认购时，定义为 1；否则为 0
Proceeds	发行规模	募集资金额（亿元）的自然对数
CDSdum	大股东控制力	参照（Cronqvist and Nilsson，2005；邓路，2010）设为虚拟变量，预案公告前一年末上市公司第一大股东持股比例大于 50%，则取值为 1；否则取 0
BM	账面市值比	上年末账面价值/市场价值
ROA	总资产收益率	上市公司净利润/总资产
ROE	净资产收益率	税后利润/所有者权益
EPS	每股收益	归属于普通股股东的当期净利润/当期发行在外普通股的加权平均数
MROA	平均总资产收益率	定向增发后三年 ROA 平均值
MROE	平均净资产收益率	定向增发后三年 ROE 平均值
MEPS	平均每股收益	定向增发后三年 EPS 平均值
Lev	资产负债率	上年末上市公司总负债/总资产

6.3.2.2 长期会计业绩衡量

选用总资产收益率（ROA）、净资产收益率（ROE）和每股收益（EPS）三个财务指标衡量，选取定向增发后三年的财务指标以及财务指标三年的平均值（MROA、MORE、MEPS），分析政治关联对定向增发长期会计业绩的影响。

6.3.2.3　长期市场反应

衡量政治关联对定向增发长期市场反应，采用两种方法检验是否存在长期超额收益。第一种是股票的长期超额收益采用购买持有超额收益（BHAR）方法计算。第二种是采用日历时间组合方法，Fama（1998）认为BHAR方法的使用会因为复合过程而加剧超额回报估计的偏差，应该采用日历时间组合方法进行股票长期超额收益的计算。具体计算公式如下。

（1）购买持有超额收益法

股票的长期超额收益采用基于基准收益率的购买持有超额收益（BHAR）的方法进行计算。

$$BHAR_i = BHR_{i,t} - BHR_{benchmark,t} = \prod_{t=1}^{T}(1 + R_{i,t}) - \prod_{t=1}^{T}(1 + R_{benchmark,t})$$

上述计算公式中，$BHAR_i$ 表示样本公司在持有期的购买持有超额收益。其中，$BHR_{i,t}$ 表示样本公司在持有期的购买持有收益；$BHR_{benchmark,t}$ 表示基准持有收益；$R_{i,t}$ 表示样本公司第 t 月的股票月收益率；$R_{benchmark,t}$ 表示基准样本第 t 月的股票月收益率，本章以市场收益率衡量。

（2）日历时间组合方法（The calendar-time portfolio approach）

参考 Fama 和 French（1993）提出的方法，本章构建如下的三因素模型来检验股票回报的超额收益：

$$R_{pt} - R_{ft} = \alpha + \beta_m(R_{mt} - R_{ft}) + \beta_s SMB_t + \beta_h HML_t + \varepsilon_t$$

其中，R_{pt}是第 t 期定向增发组合的收益率；R_{ft}是第 t 期无风险利率；（R_{mf}-R_{ft}）是第 t 期市场组合收益率和无风险收益率之差；SMB_t是第 t 期小市值股票组合收益率与大市值股票组合收益率之差；HML_t是第 t 期高账面市值比股票组合收益率与低账面市值比股票组合收益率之差。用模型回归的截距项 α 来度量第 t 期定向增发股票组合平均超额收益率。

三因素模型中组合的构建过程如下。

1）R_{pt}为定向增发组合的收益率，为了研究政治关联对定向增发长期市场业绩的影响，定向增发组合收益率包括三个：全样本定向增发组合收益率、有政治关联的定向增发组合收益率、无政治关联的定向增发组合收益率。

2）变量 SMB_t 和 HML_t 的计算，将 A 股市场所有个股以第 $t-1$ 年 12 月末的账面市值比（BM）和第 t 年 4 月末的市场价值（*size*）为依据，对第 t 年 5 月至第 $t+1$ 年 4 月期间的公司观测进行独立分组。分组方法如下：按 *size* 大小平均分为两组，即前 50%（*Big* 组），后 50%（*Small* 组）；按 BM 高低共分为三组，即前 30%（*Growth* 组），中间 40%（*Neutral* 组），后 30%（*Value* 组）；*size* 和 BM 交叉分组后共形成 6（2×3）个组合，即 *SmallGrowth* 组、*SmallNeutral* 组、*SmallValue* 组、*BigGrowth* 组、*BigNeutral* 组、*BigValue* 组。组合的形成每月更新一次。

3）以个股第 t 年 4 月 30 日的相对市场价值为权重（个股的市场价值与组内个股市场价值总和之比），对第 t 年 5 月至第 $t+1$ 年 4 月期间个股的月回报进行加权平均，从而求得每组的月回报。

4）以每组的月回报为依据，计算每月的 SMB 和 HML 值。计算公式如下：

$$\mathrm{SMB} = \frac{1}{3}(SmallValue + SmallNeutral + SmallGrowth) - \frac{1}{3}(BigValue + BigNeutral + BigGrowth)$$

$$\mathrm{HML} = \frac{1}{2}(SmallValue - BigValue) - \frac{1}{2}(Small\ Growth - BigGrowth)$$

6.4 实证检验结果

检验政治关联对定向增发的长期影响，实证分析分为两部分：一部分是政治关联对定向增发会计业绩的影响；另一部分为政治关联对定向增发长期市场反应的影响，长期市场表现采用购买持有超额收益法和日历时间组合法两种方法衡量，因此下面的回归结果分为三部分。

6.4.1 政治关联对定向增发会计业绩的影响

（1）描述性统计

分别用总资产收益率、净资产收益率和每股收益三个指标，衡量政治关联对定向增发之后三年的业绩影响。变量描述性统计如表 6-2 所示，定向增发后三年 ROA 的平均值为 0.073，ROE 三年平均值为 0.140，EPS 三年平均值为 0.337。其中，55.8%的公司存在政治关联，12.4%的公司大股东及关联股东参与认购定向增发股份。

表 6-2 长期会计业绩相关变量描述性统计

变量	样本	均值	标准差	最小值	最大值
MROA	113	0.073	0.071	-0.044	0.618
MORE	112	0.140	0.095	-0.010	0.440
MEPS	113	0.452	0.337	-0.267	1.690
Pc	113	0.558	0.499	0	1
Central	113	0.186	0.391	0	1
Local	113	0.469	0.501	0	1
Identity	113	0.124	0.331	0	1
Proceeds	113	1.681	0.843	-0.371	4.424
ROA	113	0.089	0.153	-0.073	1.613
Lev	113	0.458	0.157	0.069	0.822
CDSdum	113	0.177	0.383	0	1
BM	113	0.672	0.262	0.149	2.010

（2）有无政治关联组间差异分析

表 6-3 中的 PanelA 是将定向增发样本分为政治关联组和无政治关联组，对比分析定向增发后三年的总资产收益率、净资产收益率和每股收益的差异。结果表明，定向增发后第一年的净资产收益率是政治关联组显著大于无政治关联组，定向增发后第二年的净资产收益率、总资产收益率和

每股收益均是政治关联组显著高于无政治关联组，定向增发后第三年的净资产收益率、总资产收益率和每股收益均是政治关联组高于无政治关联组，但不显著。

表 6-3 中的 PanelB 将定向增发样本分为政治关联组和无政治关联组，对比分析定向增发后三年的平均总资产收益率、平均净资产收益率和平均每股收益的差异。结果显示，政治关联组的三个指标均显著高于无政治关联组。

总体结果表明，存在政治关联的公司定向增发后三年的会计业绩好于无政治关联公司，与假设相一致，表明民营企业政治关联的建立从长期来看是对公司的经营有利的。

表 6-3　政治关联对定向增发会计业绩的影响

PanleA：定向增发后三年的会计业绩比较				
ROE	样本数	1	2	3
无政治关联	50	0. 1301	0. 1047	0. 1035
政治关联	63	0. 1989	0. 1540	0. 1322
无政治关联—政治关联		−0. 069	−0. 049	−0. 029
T 值		−2. 84 ***	−2. 41 **	−1. 38
ROA	样本数	1	2	3
无政治关联	50	0. 0633	0. 0556	0. 0559
政治关联	63	0. 1098	0. 0794	0. 0670
无政治关联—政治关联		−0. 047	−0. 024	−0. 011
T 值		−1. 62	−2. 11 **	−0. 89
EPS	样本数	1	2	3
无政治关联	50	0. 4457	0. 3628	0. 3686
政治关联	63	0. 5860	0. 4894	0. 4238
无政治关联—政治关联		−0. 140	−0. 127	−0. 055
T 值		−1. 52	−1. 75 **	−0. 71

续表

ROE	样本数	1	2	3
PanleB：定向增发后三年的平均会计业绩比较				
	样本数	PROE	PROA	PEPS
无政治关联	50	0. 1128	0. 0583	0. 3924
政治关联	63	0. 1611	0. 0854	0. 4997
无政治关联-政治关联		-0. 048	-0. 027	-0. 107
T 值		-2. 76***	-2. 05**	-1. 7**

注：＊＊＊、＊＊和＊分别表示 0. 01、0. 05 和 0. 1 的显著性水平。

（3）政治关联与定向增发长期业绩回归分析

表 6-4 为政治关联对定向增发长期业绩的回归分析。结果显示，政治关联（*Pc*）对定向增发三年的平均总资产收益率（PROA）和净资产收益率（PROE）显著正相关，和平均每股收益（PEPS）虽正相关但不显著，说明了存在政治关联的公司定向增发后的业绩好于无政治关联公司。另外，发行规模（*Proceeds*）与平均总资产收益率负相关，发行规模越大，三年内平均总资产收益率越小。大股东持股比例与平均总资产收益率和净资产收益率正相关。资产负债率与平均净资产收益率正相关。账面市值比与平均总资产收益率负相关，表明成长性越大，收益率越好。

表 6-4　政治关联与定向增发长期业绩回归结果

VARIABLES	PROA	PROE	PEPS
Constant	0. 152*** (6. 432)	0. 060* (1. 768)	0. 497*** (3. 979)
Pc	0. 028** (2. 215)	0. 044** (2. 458)	0. 071 (1. 058)
Identity	-0. 014 (-0. 742)	-0. 027 (-0. 978)	-0. 014 (-0. 136)
Proceeds	-0. 014* (-1. 776)	0. 010 (0. 85)	0. 020 (0. 497)

续表

VARIABLES	PROA	PROE	PEPS
Lev	-0.055 (-1.371)	0.137** (2.415)	0.198 (0.941)
CDSdum	0.058*** (3.582)	0.055** (2.245)	0.115 (1.342)
BM	-0.081*** (-3.182)	-0.045 (-1.231)	-0.338** (-2.504)
Observations	113	112	113
R-squared	0.265	0.159	0.089

注：表中数据为各自变量的回归系数，括号内的数字为t检验值，***、**和*分别表示0.01、0.05和0.1的显著性水平。

6.4.2 政治关联对定向增发长期持有收益（BHAR）的影响

表6-5是对定向增发样本公司中的购买持有收益率和有无政治关联两组收益的分析对比，分别计算出6个月、9个月、12个月、24个月和36个月5个不同持有期的BHR。分析结果显示，对于全部样本公司来说，定向增发发行宣告后的36个月内，上市公司上述5个不同持有期的BHR均是显著为正的。将样本细分为是否存在政治关联，存在政治关联样本5个不同持有期均有显著正的持有收益率，与无政治关联的定向增发持有收益率对比，均显著大于无政治关联定向增发公司的持有收益率。

表6-5 定向增发购买持有收益（BHR）

Panel A：不同持有期的购买持有收益（BHR）										
持有期	6个月		9个月		12个月		24个月		36个月	
	BHR	T值	BHR	T值	BHR	T值	BHR	T值	BHR	T值
全样本	0.1715	3.51***	0.1948	3.38***	0.1619	2.56**	0.1627	1.7*	0.374	3.07***
无政治关联	0.0451	1.08	0.0222	0.37	-0.02	-0.31	0.0205	0.27	0.1026	1.50
政治关联	0.3052	3.43***	0.3757	3.84***	0.3522	3.23***	0.3117	1.75*	0.4801	2.73***

续表

Panel B：政治关联与无政治关联样本 BHR 的差异检验										
持有期	6 个月		9 个月		12 个月		24 个月		36 个月	
	差异	T 值	差异	T 值	差异	T 值	差异	T 值	差异	T 值
政治关联—无政治关联	0.2601	2.69***	0.3535	2.53***	0.3718	2.99***	0.2912	1.52	0.3775	2.03**

注：表中＊＊＊、＊＊和＊分别表示 0.01、0.05 和 0.1 的显著性水平。

表 6-6 为以市场收益率为基准的购买持有超额收益率对比分析，全样本 5 个持有期的超额收益均显著为正，将样本分为有、无政治关联两组后，两组 5 个持有期超额收益显著为正。考察政治关联定向增发购买持有超额收益的影响，将有无政治关联的两组定向增发持有超额收益率进行差异分析，持有期 6 个月、9 个月、12 个月和 36 个月中存在政治关联的企业定向增发的 BHAR 均显著大于无政治关联的定向增发公司，其中持有期为 24 个月差异不显著。但总体来说，结果证明了假设。

表 6-6　定向增发购买持有超额收益（BHAR）——市场收益为基准

Panel A：不同持有期的购买持有超额收益（BHAR）										
持有期	6 个月		9 个月		12 个月		24 个月		36 个月	
	BHAR	T 值	BHAR	T 值	BHAR	T 值	BHAR	T 值	BHAR	T 值
全样本	0.1491	3.47***	0.1816	3.94***	0.1703	3.45***	0.2885	3.11***	0.374	4.17***
无政治关联	0.0732	2.09**	0.0967	2.06**	0.0903	1.81*	0.1562	2.29**	0.2299	3.70***
政治关联	0.2292	2.87***	0.2707	3.38***	0.2541	2.94***	0.4278	2.43**	0.525	3.07***
Panel B：政治关联与无政治关联样本 BHAR 的差异检验										
持有期	6 个月		9 个月		12 个月		24 个月		36 个月	
差异	T 值	差异	T 值	差异	T 值	差异	T 值	差异	T 值	
政治关联—无政治关联	0.156	1.82*	0.174	2.78***	0.1638	1.66*	0.2716	1.46	0.2951	1.65*

注：＊＊＊、＊＊和＊分别表示 0.01、0.05 和 0.1 的显著性水平。

6.4.3 政治关联对定向增发累积超额收益的影响——日历时间模型法

(1) 描述性统计

日历时间模型变量描述性统计如表6-7所示。R_PR_F是定向增发组合个股减去无风险收益率的差，均值为0.0248；R_MR_{FTMV}为市场组合收益率与无风险收益率的差，均值为0.0111；SMB_{TMV}为小市值公司与大市值公司月收益率，平均差异为0.0118；HML_{TMV}为高MB公司与低MB公司月收益的差异，平均差异为-0.00120。组合收益率均采用流通市值加权。

表6-7 日历时间模型变量描述性统计

变量	样本	均值	标准差	最小值	最大值
R_PR_F	91	0.0248	0.1170	-0.2550	0.2740
R_MR_{FTMV}	91	0.0111	0.0995	-0.2690	0.2960
SMB_{TMV}	91	0.0118	0.0429	-0.1200	0.0995
HML_{TMV}	91	-0.0012	0.0299	-0.0850	0.0754

(2) 回归分析

表6-8是根据Fama-French三因素计算出来的定向增发累积超额收益(CAR)。首先计算了定向增发全体的样本组合，其次分为有政治关联的公司，定向增发组合和无政治关联的定向增发组合，定向增发全样本组合和有政治关联的定向增发组合有显著为正的截距项，分别为0.0056和0.0065，意味着存在政治关联的企业在定向增发后36个月的平均月超额收益率为0.65%，36个月的累计超额收益率为26.22%。无政治关联的定向增发组合截距项不显著，说明不存在显著的超额收益。因此，通过日历时间组合方法分析出来的存在政治关联的公司，定向增发发行后36个月的累计超额收益率显著为正，好于无政治关联的定向增发公司。证明了民营企业政治关联对企业的长期市场反应是有利的，进一步支持了假设。

表 6-8 政治关联与定向增发长期累计超额收益（Fama-French 三因素）

VARIABLES	全样本	政治关联	无政治关联
	R_PR_F	R_PR_F	R_PR_F
Constant	0.0056* (1.701)	0.0065* (1.846)	0.005 (0.768)
R_MR_{FTMV}	1.115*** (33.57)	1.099*** (30.79)	1.129*** (18.90)
SMB_{TMV}	0.536*** (7.089)	0.517*** (6.368)	0.456*** (3.352)
HML_{TMV}	-0.467*** (-4.176)	-0.326*** (-2.712)	-0.737*** (-3.659)
Observations	91	91	86
R-squared	0.937	0.926	0.829

注：表中数据为各自变量的回归系数，括号内的数字为 t 检验值，***、**和*分别表示 0.01、0.05 和 0.1 的显著性水平。

6.4.4 稳健性检验

使用日历时间模型方法分析，上文回归采用的是股票组合收益为流通市值加权，为了结果的稳健性，采用总市值加权的组合收益率进一步检验政治关联对定向增发长期累计超额收益的影响。回归结果如表 6-9 所示，R_PR_F是定向增发组合个股减去无风险收益率的差，R_MR_{FMC}为市场组合收益率与无风险收益率的差，SMB_{MC}为小市值公司与大市值公司月收益率的差异，HML_{MC}为高 MB 公司与低 MB 公司月收益的差异。结果中存在政治关联的公司，定向增发发行后 36 个月的累计超额收益率显著为正，好于无政治关联的定向增发公司，无政治关联公司不存在显著的超额累计收益，与上文结论相一致。

表 6-9　政治关联与定向增发长期累计超额收益（总市值加权）

VARIABLES	全样本	政治关联	无政治关联
	$R_P R_F$	$R_P R_F$	$R_P R_F$
Constant	0.006* (1.685)	0.007* (1.777)	0.006 (0.922)
$R_M R_{FMC}$	1.127*** (27.34)	1.111*** (25.67)	1.135*** (16.85)
SMB_{MC}	0.794*** (10.25)	0.773*** (9.506)	0.726*** (5.679)
HML_{MC}	−0.293** (−2.366)	−0.193 (−1.482)	−0.492** (−2.430)
Observations	91	91	91
R-squared	0.909	0.898	0.796

上文中使用的定向增发全样本日历时间模型数据如表 6-10 所示。数据变量参照 Fama-French 三因素模型。

表 6-10　日历时间模型（Fama-French 三因素）（2006.6-2013.12）

Month	$R_P R_F$	流通市值加权			总市值加权		
		$R_M R_{FTMV}$	SMB_{TMV}	HML_{TMV}	$R_M R_{FMC}$	SMB_{MC}	HML_{MC}
200606	0.087589	0.0438	0.0268	−0.0195	0.0356	0.0461	−0.0119
200607	−0.03518	−0.0557	0.0435	−0.0056	−0.0591	0.0481	−0.0133
200608	−0.0067	0.0331	0.0012	−0.0109	0.0243	−0.001	0.0015
200609	0.043953	0.0466	0.0276	−0.0168	0.0510	0.0114	−0.0187
200610	0.010762	0.0216	−0.0304	0.0278	0.0371	−0.0551	0.0162
200611	0.117778	0.1207	−0.1196	0.0001	0.1349	−0.1352	0.0096
200612	0.099666	0.1427	−0.0928	0.0072	0.2381	−0.1062	0.0223
200701	0.246217	0.1918	0.0583	0.0051	0.0865	0.0750	−0.0194
200702	0.205665	0.1033	0.0855	0.0547	0.0516	0.1274	0.0806
200703	0.12558	0.1232	0.0995	0.0167	0.1113	0.1117	0.0245
200704	0.228864	0.2956	0.0329	0.0631	0.2173	0.0847	0.0702

续表

Month	R_PR_F	流通市值加权			总市值加权		
		R_MR_{FTMV}	SMB_{TMV}	HML_{TMV}	R_MR_{FMC}	SMB_{MC}	HML_{MC}
200705	0. 119251	0. 0997	−0. 0387	−0. 0222	0. 0780	−0. 0444	0. 0061
200706	−0. 09865	−0. 0865	−0. 0951	−0. 0850	−0. 0734	−0. 1094	−0. 0710
200707	0. 27419	0. 1934	0. 0711	0. 0232	0. 1744	0. 0830	0. 0516
200708	0. 117265	0. 1575	−0. 0266	0. 0121	0. 1635	−0. 0266	0. 0066
200709	−0. 00843	0. 0464	−0. 0103	0. 0460	0. 0590	−0. 0471	0. 0426
200710	−0. 09163	−0. 0202	−0. 0629	−0. 0324	0. 0468	−0. 1007	−0. 0558
200711	−0. 05647	−0. 1481	0. 0977	0. 0174	−0. 1584	0. 1056	0. 0233
200712	0. 194645	0. 1458	0. 0253	−0. 0006	0. 0918	0. 0247	−0. 0099
200801	−0. 06770	−0. 1156	0. 0403	−0. 0283	−0. 1594	0. 0566	−0. 0079
200802	0. 063318	0. 0314	0. 0710	0. 0365	−0. 0011	0. 0832	0. 0387
200803	−0. 21002	−0. 1963	0. 0251	−0. 0315	−0. 2071	0. 0354	−0. 0065
200804	0. 055795	0. 0246	−0. 0685	0. 0064	0. 0482	−0. 0586	−0. 0016
200805	−0. 06772	−0. 0800	0. 0366	0. 0281	−0. 0702	0. 0296	0. 0223
200806	−0. 25522	−0. 2318	−0. 0149	−0. 0274	−0. 2113	−0. 0109	−0. 0330
200807	0. 129655	0. 0279	0. 0758	−0. 0011	0. 0180	0. 0763	−0. 0009
200808	−0. 24880	−0. 1782	−0. 0121	0. 0208	−0. 1554	−0. 0202	0. 0245
200809	−0. 09859	−0. 0701	−0. 0672	0. 0515	−0. 0502	−0. 0798	0. 0413
200810	−0. 25189	−0. 2686	0. 0209	−0. 0059	−0. 2541	0. 0222	0. 0192
200811	0. 215181	0. 1291	0. 0459	0. 0075	0. 0935	0. 0511	0. 0035
200812	0. 048213	0. 0122	0. 0557	−0. 0544	−0. 0191	0. 0731	−0. 0569
200901	0. 183952	0. 1330	0. 0336	0. 0086	0. 0955	0. 0412	0. 0039
200902	0. 086276	0. 0573	0. 0394	−0. 0141	0. 0527	0. 0347	−0. 0007
200903	0. 268391	0. 1857	0. 0379	−0. 0180	0. 1499	0. 0520	−0. 0278
200904	0. 079699	0. 0496	0. 0151	0. 0149	0. 0470	0. 0105	0. 0298
200905	0. 077158	0. 0534	0. 0350	−0. 0069	0. 0623	0. 0385	−0. 0073
200906	0. 256678	0. 1152	−0. 0262	−0. 0209	0. 1244	−0. 0243	−0. 0094
200907	0. 160293	0. 1704	−0. 0426	0. 0754	0. 1554	−0. 0437	0. 0827
200908	−0. 16434	−0. 2148	0. 0398	−0. 0564	−0. 2143	0. 0536	−0. 0663

续表

Month	R_PR_F	流通市值加权			总市值加权		
		R_MR_{FTMV}	SMB_{TMV}	HML_{TMV}	VR_MR_{FMC}	SMB_{MC}	HML_{MC}
200909	0. 084311	0. 0503	-0. 005	-0. 0290	0. 0441	-0. 0117	-0. 0102
200910	0. 121108	0. 0945	0. 0271	0. 0118	0. 0838	0. 0392	0. 0166
200911	0. 148376	0. 0834	0. 0476	-0. 0046	0. 0765	0. 0603	0. 0134
200912	0. 016789	0. 0287	0. 0167	0. 0345	0. 0214	0. 0213	0. 0165
201001	-0. 03846	-0. 0860	0. 0637	-0. 0459	-0. 0850	0. 0657	-0. 0312
201002	0. 057781	0. 0293	0. 0460	-0. 0127	0. 0254	0. 0499	0. 0015
201003	0. 048525	0. 0235	0. 0290	-0. 0058	0. 0211	0. 0356	-0. 0017
201004	-0. 09939	-0. 0785	0. 0128	-0. 0381	-0. 0790	0. 0028	-0. 0253
201005	-0. 07423	-0. 0847	0. 0081	-0. 0391	-0. 0897	-0. 0028	-0. 0309
201006	-0. 09080	-0. 0779	-0. 0140	0. 0108	-0. 0766	-0. 0141	-0. 0095
201007	0. 164628	0. 1196	0. 0243	-0. 0058	0. 1130	0. 0366	-0. 0102
201008	0. 078081	0. 0237	0. 0593	-0. 0643	0. 0221	0. 0546	-0. 0779
201009	0. 021501	0. 0089	-0. 0105	-0. 0329	0. 0047	-0. 0135	-0. 0336
201010	0. 096506	0. 1178	-0. 0359	0. 0239	0. 1185	-0. 0414	0. 0070
201011	0. 008743	-0. 0462	0. 0539	-0. 0481	-0. 0399	0. 0488	-0. 0325
201012	-0. 00410	-0. 0119	-0. 0115	0. 0334	-0. 0101	-0. 0211	0. 007
201101	-0. 05961	-0. 0244	-0. 0309	0. 0455	-0. 0314	-0. 0107	0. 059
201102	0. 104435	0. 0490	0. 0512	-0. 0303	0. 0499	0. 0537	-0. 0244
201103	-0. 00787	-0. 0013	0. 0181	0. 0199	-0. 0078	0. 0094	0. 0263
201104	-0. 03365	-0. 0171	-0. 0078	0. 0072	-0. 0197	-0. 0062	0. 0160
201105	-0. 07308	-0. 0638	-0. 0063	-0. 0135	-0. 0664	-0. 0085	-0. 0074
201106	0. 036303	0. 0193	0. 0133	-0. 0074	0. 0219	0. 0058	-0. 0102
201107	0. 044432	-0. 0144	0. 0184	-0. 0508	-0. 0126	0. 0200	-0. 0538
201108	-0. 03318	-0. 0507	0. 0186	-0. 0241	-0. 0478	0. 0160	-0. 0333
201109	-0. 13626	-0. 0934	-0. 0221	0. 0391	-0. 0972	-0. 0167	0. 0350
201110	0. 026436	0. 0388	0. 0049	0. 0125	0. 0384	0. 0085	0. 0024
201111	-0. 04587	-0. 0554	0. 0117	-0. 0323	-0. 0565	0. 0097	-0. 0319
201112	-0. 15727	-0. 0772	-0. 0767	0. 0691	-0. 0846	-0. 0735	0. 0587

续表

Month	R_PR_F	流通市值加权			总市值加权		
		R_MR_{FTMV}	SMB_{TMV}	HML_{TMV}	R_MR_{FMC}	SMB_{MC}	HML_{MC}
201201	−0. 00165	0. 0282	−0. 0346	0. 0181	0. 022	−0. 0324	0. 0320
201202	0. 149445	0. 0670	0. 0473	−0. 0312	0. 0722	0. 0479	−0. 0343
201203	−0. 07082	−0. 0728	0. 0061	0. 0054	−0. 0725	0. 0092	0. 0008
201204	0. 067988	0. 0553	0. 0221	−0. 0112	0. 0543	0. 0201	0. 0271
201205	0. 028377	−0. 0042	0. 0045	−0. 0199	0	−0. 0002	−0. 0242
201206	−0. 08260	−0. 0540	−0. 0006	−0. 0150	−0. 0518	−0. 0097	−0. 0144
201207	−0. 09259	−0. 0584	−0. 0411	0. 0073	−0. 0619	−0. 0381	0. 0099
201208	0. 011791	−0. 0263	0. 0686	−0. 0178	−0. 0243	0. 0629	−0. 0097
201209	0. 014748	0. 0213	−0. 0272	−0. 0179	0. 0181	−0. 0265	−0. 0134
201210	−0. 01202	−0. 0122	0. 0122	0. 0168	−0. 0120	0. 0195	0. 0198
201211	−0. 11840	−0. 0629	−0. 0547	0. 0489	−0. 0670	−0. 0385	0. 0499
201212	0. 165768	0. 1473	0. 0144	0. 0154	0. 1505	0. 0083	−0. 0002
201301	0. 051462	0. 0478	0. 0440	−0. 0153	0. 0506	0. 0430	−0. 0147
201302	0. 029406	−0. 0026	0. 0331	−0. 0070	0. 0012	0. 0248	−0. 0179
201303	−0. 03078	−0. 0533	0. 0155	−0. 0128	−0. 0537	0. 0137	−0. 0159
201304	−0. 02630	−0. 0271	0. 0053	0. 0091	−0. 0266	−0. 0023	−0. 0015
201305	0. 148642	0. 0739	0. 0725	−0. 0203	0. 0793	0. 0532	−0. 0490
201306	−0. 16762	−0. 1378	−0. 0049	0. 0027	−0. 1369	−0. 0204	−0. 0167
201307	0. 064065	0. 0241	0. 0437	0. 0024	0. 0265	0. 0370	−0. 0068
201308	0. 071026	0. 0494	0. 0382	−0. 0087	0. 0511	0. 0398	0. 0137
201309	0. 039438	0. 0393	0. 0121	0. 0136	0. 0424	−0. 0043	0. 0036
201310	−0. 03943	−0. 0240	−0. 0024	0. 0209	−0. 0253	0. 0159	0. 0356
201311	0. 047736	0. 0401	0. 0465	0. 0169	0. 0430	0. 0469	−0. 0053
201312	−0. 03317	−0. 0447	0. 0117	0. 0023	−0. 0450	0. 0153	0. 0038

6.5 本章小结

本章选取2006—2009年实施定向增发的民营企业样本，衡量政治关联对定向增发后三年的长期业绩和市场表现，研究发现存在政治关联的民营企业定向增发后，长期的会计业绩和长期市场表现好于无政治关联企业，体现了政治关联对民营企业影响的正面作用。具体研究结果如下。

（1）定向增发后第一年政治关联组的净资产收益率显著大于无政治关联组，定向增发后第二年政治关联组的净资产收益率、总资产收益率和每股收益均显著高于无政治关联组，定向增发后第三年政治关联组的净资产收益率、总资产收益率和每股收益均高于无政治关联组，但不显著。政治关联与定向增发后三年的平均总资产收益率和净资产收益率显著正相关，和平均每股收益虽正相关但不显著，说明了存在政治关联的公司定向增发后的业绩好于无政治关联公司。另外，发行规模与平均总资产收益率负相关，发行规模越大，三年内平均总资产收益率越小。大股东持股比例与平均总资产收益率和净资产收益率呈正相关。资产负债率与平均净资产收益率正相关。账面市值比与平均总资产收益率负相关，表明成长性越大，收益率越好。

（2）以市场收益率为基准的持有超额收益率，全样本5个持有期的超额收益均显著为正，将样本分为有、无政治关联两组后，两组5个持有期超额收益均显著为正。考察政治关联对定向增发购买持有超额收益的影响，将有、无政治关联的两组定向增发持有超额收益率进行差异分析，持有期分别为6个月、9个月、12个月和36个月中存在政治关联的企业定向增发的BHAR均显著大于无政治关联的定向增发公司，其中持有期为24个月的差异不显著。但总体来说，结果证明了假设。

（3）根据Fama-French三因素计算定向增发累积超额收益（CAR）。政治关联的企业在定向增发后36个月的平均月超额收益率为0.65%，36

个月的累计超额收益率为 26.22%。无政治关联的定向增发组合截距项不显著，说明不存在显著的超额收益。所以，利用日历时间组合方法计算出存在政治关联的定向增发发行后 36 个月累计超额收益率显著为正，好于无政治关联的定向增发公司。证明了民营企业政治关联对企业的长期市场反应是有利的，进一步支持了假设。

7　结论、研究局限与展望

7.1　结　论

选取 2006—2013 年宣布定向增发预案的公司以及进行定向增发的民营公司为样本，立足中国制度环境，具体研究政治关联对定向增发融资决策、定向增发短期宣告效应、定向增发后投资效率与定向增发长期经营业绩及市场表现的影响。研究表明，民营企业政治关联的建立从短期效应和长期表现来看，均对公司产生了有利的影响，体现了政治关联对民营企业的帮助作用和正面影响。

7.1.1　政治关联与定向增发融资决策的关系研究中得出的结论

（1）政治关联与证监会审核变量显著正相关，表明存在政治关联的企业更容易通过证监会的审核。中央政府政治关联有利于获得定向增发融资资源，结果中地方政府政治关联与审核通过变量不相关，证监会属于中央部门管辖，存在中央政府政治关系的企业与证监会关系更紧密，更容易通过审核，而地方政府政治关系在审核阶段的作用相对较弱。

（2）存在政治关联的企业定向增发时，大股东采用现金方式参与认购，表明其对企业的看好。说明建立政治关系的民营企业本身经营情况好，大股东及关联股东看好公司的发展，更积极参与认购定向增发股份。

中央政府政治关联变量与大股东认购显著正相关，表明存在中央政府政治关联的企业选择定向增发，大股东与关联股东更多地参与认购股份，因为民营企业建立中央政府政治关联的成本大于地方政府政治关联，且多数是为了企业获得更多的资源而付出更大的成本，当企业进行定向增发时，大股东更加看好公司的未来发展，故大股东及关联股东更多地参与认购定向增发股份。

（3）存在中央政府政治关联的企业，能够获得更大的融资规模，说明存在中央政府政治关联的企业更容易通过证监会审核且获得更多融资。政治关联、地方政府政治关联与定向增发融资规模的关系不显著，表明存在政治关联的民营企业更容易通过证监会审核，但想要获得更大的融资规模，需要与证监会存在更紧密的关系，其中存在中央政府政治关联的企业与证监会存在更加紧密的关系，因此能获得较大规模融资。

7.1.2 政治关联与定向增发短期宣告效应的研究中得出的结论

（1）分别选取了事件窗口［-30，30］、［-10，1］、［-5，1］，政治关联和定向增发短期宣告效应显著正相关，表明存在政治关联的公司定向增发时，市场有积极的反应。企业家的政治身份同时也在一定程度上反映了民营企业的规模与实力，发挥了信号传递的功能，存在政治关联的公司定向增发的宣告效应好于无政治关联的公司。

（2）中央政府政治关联与定向增发短期宣告效应显著正相关，表明存在中央政府政治关联定向增发向市场传递的信息，是投资认可的利好消息，民营企业建立政治关联是对企业有利的。上市公司与地方政府建立关系成本相对较低，建立中央政府关系将付出更大的成本，传递给企业更明确的信息，企业选择更高成本建立中央政府政治关联，为了企业更多地获得较好的资源和更好的发展，市场宣告效应更好。

7.1.3 政治关联与定向增发后投资效率的研究中得出的结论

（1）政治关联与定向增发后过度投资显著负相关，与假设相一致，表明定向增发的公司中，政治关联可以抑制企业过度投资，减少企业非效率行为。建立政治关联的民营企业，多是为了获得资源而主动建立，且本身是经营业绩优秀的公司。定向增发融资决策中募集资金投资更加高效，企业本身能够更好地识别投资机会，有效利用融资资金，因此当定向增发的民营企业存在政治关联时，可以减少企业过度投资。政治关联对定向增发后的企业投资不足影响不显著。说明企业采用定向增发融资时，企业可以使用的现金增加，更多则会导致企业过度投资，由于募集到的资金补充，定向增发公司投资不足问题并不明显，因此在定向增发样本里，政治关联对企业投资不足的影响不显著。

（2）中央政府政治关联与地方政府政治关联对定向增发公司投资的影响。回归结果表明，在过度投资的定向增发公司中，中央政府政治关联有显著的抑制作用，地方政府政治关联不影响企业过度投资。地方政府为了当地经济发展会大力扶持民营企业，鼓励更多的民营资本到其管辖区内进行投资，从而引起了企业的非效率投资。同时，存在政治关联的企业为了更好地发展公司，减少企业的非效率投资，两种影响相抵消，地方政治关联对公司的过度投资不会有显著影响。而存在中央政府政治关联的企业，由政府控制引起的过度投资问题并不明显，建立中央政府政治关联多数是为了公司更好的发展，可以有效控制企业的过度投资。

投资不足样本中，中央政府政治关联和地方政府政治关联与定向增发后企业投资均不显著，故中央政府政治关联和地方政府政治关联对定向增发投资不足没有显著影响。由于定向增发募集到资金的补充，公司投资不足问题并不明显。

7.1.4 政治关联与定向增发长期业绩及长期市场表现的研究中得出的结论

（1）定向增发后第一年政治关联组的净资产收益率显著大于无政治关联组，定向增发后第二年政治关联组的净资产收益率、总资产收益率和每股收益均显著高于无政治关联组，定向增发后第三年政治关联组的净资产收益率、总资产收益率和每股收益均高于无政治关联组，但不显著。政治关联与定向增发后三年的平均总资产收益率和净资产收益率均显著正相关，与平均每股收益虽正相关但不显著，说明了存在政治关联的公司定向增发后的业绩好于无政治关联公司。另外，发行规模与平均总资产收益率负相关，发行规模越大，三年内平均总资产收益率越小。大股东持股比例与平均总资产收益率和净资产收益率正相关。资产负债率与平均净资产收益率正相关。账面市值比与平均总资产收益率负相关，表明成长性越大，收益率越好。

（2）以市场收益率为基准的持有超额收益率，全样本 5 个持有期的超额收益均显著为正，将样本分为有、无政治关联两组后，两组 5 个持有期超额收益显著为正。考察政治关联对定向增发购买持有超额收益的影响，将有、无政治关联的两组定向增发持有超额收益率进行差异分析，持有期分别为 6 个月、9 个月、12 个月和 36 个月中存在政治关联的企业定向增发的 BHAR 均显著大于无政治关联的定向增发公司，其中持有期为 24 个月的差异不显著。但总体来说，结果证明了假设。

（3）根据 Fama-French 三因素计算定向增发累积超额收益（CAR）。政治关联的企业在定向增发后 36 个月的平均月超额收益率为 0.65%，36 个月的累计超额收益率为 26.22%。无政治关联的定向增发组合截距项不显著，说明不存在显著的超额收益。因此，利用日历时间组合方法计算出存在政治关联的公司，定向增发发行后 36 个月的累计超额收益率显著为正，好于无政治关联的定向增发公司。证明了民营企业政治关联对企业的长期市场反应是有利的，进一步支持了假设。

7.2 研究局限

（1）样本数量限制。上市公司定向增发时，大股东可以选择资产和现金两种方式，而两种认购方式对公司的影响存在差异，由于只选取民营企业，样本数量有限，没有按照认购方式细分，未能研究政治关联对定向增发资产认购样本的影响。

（2）样本期间限制。定向增发从 2006 年开始成为再融资方式，在研究政治关联对定向增发长期业绩和长期市场表现时，选取 3 年时间。按照国外学者的研究范式，至少需要有 3~5 年的市场数据，若样本时间足够长，应该研究到定向增发 5 年后的表现。选取定向增发后 3 年的长期表现，样本已剔除很多，若是研究 5 年，样本数量过少，使结果说服力变小。

（3）政治关联的衡量。研究政治关联对定向增发融资的影响，找到和定向增发直接相关的政治关联衡量指标最为贴切，不过由于政治关系的微妙，且高管背景只能从网上和年报上获取相关资料，很多隐秘的政治关系对企业的影响更大，但无法找到足够的资料来衡量。只能从可以搜集到的数据整理政治关联数据，可能对研究结果有影响。

7.3 研究展望

（1）研究定向增发的经济后果

定向增发作为公司的重要融资决策，会影响公司的整体运营生产，可以进一步拓展研究定向增发对企业其他决策的影响研究。例如，有些公司在定向增发过程中伴随并购重组、股权激励等公司决策，可以进一步研究定向增发对企业并购重组的影响，其中的资产定价如何，并购后的公司业绩如何等。分析定向增发与股权激励的关系，探讨股权激励的效果。定向增发融资可以增加企业现金和缓解融资约束，可检验定向增发与股权决策的关系。

（2）从机构投资者角度研究定向增发

机构投资者是定向增发再融资的主要投资者，机构投资者相较一般投资者掌握了更多信息，投资更加专业化，参与认购上市公司定向增发股份后，可以对公司的经营管理进行监督，促进企业发展。我国上市公司机构投资的监督意愿和监督能力如何，在定向增发融资的情境下，可检验机构投资者与定向增发决策的关系、对短期宣告效应的影响；从长期来看，机构投资者与定向增发后的投资效率和长期表现的关系如何，将丰富机构投资的已有研究。可以进一步区分机构投资者类型，研究不同类型机构投资的影响是否相同。定向增发股份存在限售期，针对流动性的补偿研究到期后机构投资者的收益，以及机构投资者增持股票和减持股票的影响因素和市场反应。

（3）案例研究定向增发的具体运行

定向增发从发行对象、认购方式、定价过程等方面均与其他股权再融资方式存在差异，具体到每家公司，定向增发的情况更是千差万别，若是样本数量限制或案例公司存在典型的特征，可以针对个股进行案例研究，以更加深入地研究定向增发的影响因素和经济后果。

参考文献

[1] 李福祥．非公开发行股票监管面临的难点及对策［J］．财贸经济，2006（12）：46-48.

[2] 邓路．中国上市公司增发新股融资制度演进综述［J］．财政研究，2010（12）：58-61.

[3] 周勤业，刘宇．上市公司股权再融资创新的比较与分析［J］．证券市场导报，2005（9）：44-49.

[4] LELAND H E，PYLE D H. Informational Asymmetries，Financial Structure，and Financial Intermediation［J］. The Journal of Finance，1977，32（2）：371-387.

[5] MYERS S C，MAJLUF N S. Corporate Financing and Investment Decisions When Firms Have Information that Investors Do Not Have［J］. Journal of Financial Economics，1984，13（2）：187-221.

[6] WRUCK K. Equity Ownership Concentration and Firm Value［J］. Journal of Business Valuation and Economic Loss Analysis，1989，23（4）：3-28.

[7] 黄建中．增发定价约束、私募寻租与董事会融资权边界［J］．经济理论与经济管理，2007（3）：44-48.

[8] 张鸣，郭思永．大股东控制下的定向增发和财富转移：来自中国上市公司的经验证据［J］．会计研究，2009（5）：78-86，97.

[9] 田艺，王蕴珏，杨伟聪．定向增发创造投资新机遇［J］．证券导刊，2006（16）：35-37.

[10] 杨靖．定向增发中的控股股东行为研究［D］．北京：清华大

学，2010.

［11］方勇华．定向增发中的散户利益保护问题研究［J］．时代金融，2008（6）：45-46.

［12］邓路，黄欣然．集团大股东资产注入对上市公司价值的影响：基于中国船舶的案例分析［J］．财务与会计，2009（22）：32-34.

［13］章卫东，李德忠．定向增发新股折扣率的影响因素及其与公司短期股价关系的实证研究：来自中国上市公司的经验证据［J］．会计研究，2008（9）：73-80.

［14］徐斌，俞静．究竟是大股东利益输送抑或投资者乐观情绪推高了定向增发折扣：来自中国证券市场的证据［J］．财贸经济，2010（4）：40-46.

［15］SILBER W L. Discounts on Restricted Stock：The Impact of Illiquidity on Stock Prices［J］. Financial Analysts Journal，1991，47（4）：60-64.

［16］LONGSTAFF F A . Optimal Portfolio Choice and the Valuation of Illiquid Securities［J］. Review of Financial Studies，2001，14（2）：407-431.

［17］MERTON R C. Lifetime Portfolio Selection Under Uncertainty：The Continuous-Time Case［J］. The Review of Economics and Statistics，1969，51（3）：247-257.

［18］MERTON R C. Optimum Consumption and Portfolio Rules In A Continuous-time model［J］. Journal of Economic Theory，1971，3（4）：373-413.

［19］AIYAGARI S R，GERTLER M. Asset Returns With Transactions Costs and Uninsured Individual Risk［J］. Journal of Monetary Economics，1991，27（3）：311-331.

［20］CHEN Z，XIONG P. Discounts On Illiquid Stocks：Evidence From China［J］. Ssrn Electronic Journal，2001.

［21］AMIHUD Y，MENDELSON H. Asset Pricing and The Bid-Ask Spread［J］. Journal of Financial Economics，1986，17（2）：223-249.

［22］HERTZEL M，SMITH R L. Market Discounts and Shareholder Gains for Placing Equity Privately [J]. The Journal of Finance, 1993, 48 (2): 459-485.

[23] ROCK K. Why New Issues Are Underpriced [J]. Journal of Financial Economics, 1986, 15 (1): 187-212.

[24] BEATTY R, RITTER J. Investment Banking, Reputation, and The Underpricing Of Initial Public Offerings [J]. Journal of Financial Economics, 1986, 15 (1): 213-232.

[25] BARCLAY M J, HOLDERNES C G, SHEEHAN D P. Private Placements and Managerial Entrenchment [J]. Journal of Corporate Finance, 2007, 13 (4): 461-484.

[26] HERTZEL M, LEMMON M, LINCK J S, et al. Long-Run Performance following Private Placements of Equity [J]. Journal of Finance, 2002, 57 (6): 2595-2617.

[27] 王志强，张玮婷，林丽芳. 上市公司定向增发中的利益输送行为研究 [J]. 南开管理评论，2010，13 (3): 109-116，149.

[28] 朱红军，何贤杰，陈信元. 定向增发“盛宴”背后的利益输送: 现象、理论根源与制度成因: 基于驰宏锌锗的案例研究 [J]. 管理世界，2008 (6): 136-147，188.

[29] 肖泽忠，邹宏. 中国上市公司资本结构的影响因素和股权融资偏好 [J]. 经济研究，2008 (6): 119-134，144.

[30] 李健元，陈大明，刘桦. 中美股市股本比较与政策建议 [J]. 中国发展观察，2007 (10): 52-54.

[31] 彭韶兵，赵根. 定向增发: 低价发行的偏好分析 [J]. 财贸经济，2009 (4): 52-58.

[32] SHLEIFER A, VISHNY R W. Large Shareholders and Corporate Control [J]. Journal of Political Economy, 1986, 94 (3): 461-488.

[33] DEMSETZ H, VILLALONGA B. Ownership Structure and Corporate Performance [J]. Journal of Corporate Finance, 2001, 7 (3): 209-233.

[34] CHEN S S, Ho K W, et al. Wealth Effects of Private Equity Placements: Evidence From Singapore [J]. Financial Review, 2002, 37 (2): 165-183.

[35] KATO K, SCHALLHEIM J S . Private Equity Financings In Japan and Corporate Grouping (keiretsu) [J]. Pacific-Basin Finance Journal, 1993, 1 (3): 287-307.

[36] WU X, WANG Z, YAO J. Understanding the Positive Announcement Effects of Private Equity Placements: New Insights from Hong Kong Data [J]. Review of Finance, 2005 (3): 385-414.

[37] ANDERSON H D, Rose L C, CAHAN S F. Differential Shareholder Wealth and Volume Effects Surrounding Private Equity Placements in New Zealand [J]. Pacific-Basin Finance Journal, 2006, 14 (4): 367-394.

[38] RENNEBOOG L, Simons T, WRIGHT M. Why Do Public Firms Go Private in The UK? The Impact of Private Equity Investors, Incentive Realignment and Undervaluation [J]. Journal of Corporate Finance, 2007, 13 (4): 591-628.

[39] MARCIUKAITYTE D, SZEWCZYK S H, VARMA R. Investor Overoptimism and Private Equity Placements [J]. Journal of Financial Research, 2005, 28 (4): 591-608.

[40] 许年行，张华，吴世农. 附加承诺具有信号传递效应吗？[J]. 管理世界，2008 (3): 142-151.

[41] 章卫东. 定向增发新股、整体上市与股票价格短期市场表现的实证研究 [J]. 会计研究，2007 (12): 63-68.

[42]] 戴爽. 定向增发 贯穿 07 的投资主题 [J]. 股市动态分析，2007 (6): 12.

[43] 魏立江，纳超洪. 定向增发预案公告市场反应及其影响因素研究：基于深圳证券交易所上市公司数据的分析 [J]. 审计与经济研究，2008 (5): 86-90.

[44] 刘力，王汀汀，王震. 中国 A 股上市公司增发公告的负价格效

应及其二元股权结构解释［J］. 金融研究，2003（8）：60-71.

［45］CHOU D W，GOMBOLA M，LIU F Y. Long-run Underperformance Following Private Equity Placements：The Role of Growth Opportunities［J］. Quarterly Review of Economics and Finance，2009，49（3）：1113-1128.

［46］李菊. 定向增发类型对上市公司业绩影响的实证研究［J］. 东北财经大学学报，2009（3）：60-63.

［47］邓路，王化成，李思飞. 上市公司定向增发长期市场表现：过度乐观还是反应不足？［J］. 中国软科学，2011（6）：167-177.

［48］毛小元，陈梦根，杨云红. 配股对股票长期收益的影响：基于改进三因子模型的研究［J］. 金融研究，2008（5）：114-129.

［49］陆正飞，魏涛. 配股后业绩下降：盈余管理后果与真实业绩滑坡［J］. 会计研究，2006（8）：52-59，97.

［50］杜沔，王良成. 我国上市公司配股前后业绩变化及其影响因素的实证研究［J］. 管理世界，2006（3）：114-121，172.

［51］KRISHNAMURTHY S，SPINDT P，SUBRAMANIAM V，et al. Does Investor Identity Matter in Equity Issues？Evidence from Private Placements［J］. Journal of Financial Intermediation，2005，14（2）：210-238.

［52］HERTZEL M，LINCK J S，WINTOKI M B. Institutional Investors and the Long-Run Performance of Private Placements，Working Paper，2006.

［53］GIBSON S，SAFIEDDINE A，SONTI R. Smart Investments by Smart Money：Evidence from Seasoned Equity Offerings［J］. Journal of Financial Economics，2004，72（3）：581-604.

［54］RITTER J R. Differences Between European and American IPO Markets［J］. European Financial Management，2003，9（4）：421-434.

［55］BILLETT M T，Flannery M J，GARFINKEL J. Are Bank Loans Special？Evidence on the Post-Announcement Performance of Bank Borrowers［J］. Journal of Financial and Quantitative Analysis，2006，41（4）：733-751.

［56］王磊彬. 多次融资、长期市场反应与公司特征［D］. 成都：西南

财经大学，2010.

[57] SPIESS D K, AFFLECK-GRAVES J. Underperformance in Long-Run Stock Returns Following Seasoned Equity Offerings [J]. Journal of Financial Economics, 1995, 38 (3): 243-267.

[58] LOUGHRAN T, RITTER J R. The New Issues Puzzle [J]. The Journal of Finance, 1995, 50 (1): 23-51.

[59] FAZZARI S M, HUBBARD R G, PETERSEN B C, et al. Financing Constraints and Corporate Investment [J]. Brookings Papers on Economic Activity, 1988, 1988 (1): 141-206.

[60] HOSHI T, KASHYAP A K, SCHARFSTEIN D. Corporate Structure, Liquidity, and Investment: Evidence from Japanese Panel Data [J]. Quarterly Journal of Economics, 1991, 106 (11): 33-61.

[61] CHAPMAN D R, JUNOR C W, STEGMAN T R. Cash Flow Constraints and Firms´ Investment Behaviour [J]. Applied Economics, 1996, 28 (8): 1037-1044.

[62] GOERGEN M, RENNEBOOG L. Investment Policy, Internal Financing and ownership Concentration in the UK [J]. Journal of Corporate Finance, 2001, 7 (3): 257-284.

[63] SHIN H H, PARK Y S. Financing Constraints and Internal Capital Markets: Evidence from Korean `chaebols` [J]. 1999, 5 (2): 169-191.

[64] CHOW C K W, FUNG M K Y. Ownership Structure, Lending Bias, and Liquidity Constraints: Evidence from Shanghai´s Manufacturing Sector [J]. Journal of Comparative Economics, 1998, 26 (2): 301-316.

[65] 郭丽虹，金德环. 企业投资与企业的流动性：基于中国制造业的面板数据分析 [J]. 财经研究，2007 (3): 123-133.

[66] 连玉君，程建. 投资—现金流敏感性：融资约束还是代理成本？[J]. 财经研究，2007 (0): 37-46.

[67] BEBCHUK L A, STOLE L A. Do Short - Term Objectives Lead to

Under - or Overinvestment in Long - Term Projects? [J]. The Journal of Finance, 1993, 48 (2): 719-730.

[68] JENSEN M C, MECKLING W H. Theory of the Firm: Managerial Behavior, Agency Costs and Ownership Structure [J]. Journal of financial economics, 1976, 3 (4): 305-360.

[69] RICHARDSON S. Over-investment of Free Cash Flow [J]. Review of Accounting Studies, 2006, 11 (2): 159-189.

[70] 彭文伟，冉茂盛，周姝. 最终控制权、现金流权与上市公司过度投资 [J]. 软科学，2009，23 (12): 126-129.

[71] 俞红海，徐龙炳，陈百助. 终极控股股东控制权与自由现金流过度投资 [J]. 经济研究，2010，45 (8): 103-114.

[72] AGRAWAL A, KNOEBER C R. Do Some Outside Directors Play a Political Role? [J]. Journal of Law and Economics, 2001, 44 (1): 179-198.

[73] FACCIO M, MASULIS R W, MCCONNELL J J. Political Connections and Corporate Bailouts [J]. Journal of Finance, 2006, 61 (6): 2597-2635.

[74] FAN J P H, WONG T J, ZHANG T. Politically Connected CEOs, Corporate Governance, and Post-IPO Performance of China's Newly Partially Privatized Firms [J]. 2007, 84 (2): 330-357.

[75] JOHNSON S, MITTON T. Cronyism and capital Controls: Evidence from Malaysia [J]. 2003, 67 (2): 351-382.

[76] 潘红波，余明桂. 政治关系、控股股东利益输送与民营企业绩效 [J]. 南开管理评论，2010，13 (4): 14-27.

[77] 赵晓琴，万迪昉，付雷鸣. 政治关联对公司债券融资的影响：来自银行间债券市场的经验证据 [J]. 山西财经大学学报，2011，33 (12): 100-107.

[78] CLAESSENS S, FEIJEN E, LAEVEN L. Political Connections and Preferential Access to Finance: The Role of Campaign Contributions [J].

Journal of Financial Economics, 2008, 88 (3): 554-580.

[79] KHWAJA A I, MIAN A. Do Lenders Favor Politically Connected Firms? Rent Provision in an Emerging Financial Market [J]. The Quarterly Journal of Economics, 2005, 120 (4): 1371-1411.

[80] GOLDMAN E, ROCHOLL J, SO J. Do Politically Connected Boards Affect Firm Value? [J]. Review of Financial Studies, 2009, 22 (6): 2331-2360.

[81] ADHIKARI A, DERASHID C, ZHANG H. Public Policy, Political Connections, and effective Tax Rates: Longitudinal Evidence from Malaysia [J]. Journal of Accounting and Public Policy, 2006, 25 (5): 574-595.

[82] BUSHMAN R M, PIOTROSKI J D. Financial Reporting Incentives for Conservative Accounting: the Influence of Legal and Political Institutions [J]. Journal of Accounting and Economics, 2006, 42 (1-2): 107-148.

[83] 王庆文，吴世农. 政治关系对公司业绩的影响：基于中国上市公司政治影响力指数的研究 [C]. 中国实证会计国际研讨会，2008.

[84] 游家兴，徐盼盼，陈淑敏. 政治关联、职位壕沟与高管变更：来自中国财务困境上市公司的经验证据 [J]. 金融研究，2010 (4): 128-143.

[85] 张兆国，曾牧，刘永丽. 政治关系、债务融资与企业投资行为：来自我国上市公司的经验证据 [J]. 中国软科学，2011 (5): 106-121.

[86] 马晓维，苏忠秦，曾琰，等. 政治关联、企业绩效与企业行为的研究综述 [J]. 管理评论，2010，22 (2): 3-10.

[87] 胡旭阳. 民营企业的政治关联及其经济效应分析 [J]. 经济理论与经济管理，2010 (2): 74-79.

[88] 杜兴强，雷宇，郭剑花. 政治联系、政治联系方式与民营上市公司的会计稳健性 [J]. 中国工业经济，2009 (7): 87-97.

[89] 杨其静. 企业成长：政治关联还是能力建设? [J]. 经济研究，2011，46 (10): 54-66, 94.

[90] 邓新明. 我国民营企业政治关联、多元化战略与公司绩效 [J].

南开管理评论，2011，14（4）：4-15，68.

［91］刘慧龙，张敏，王亚平等. 政治关联、薪酬激励与员工配置效率［J］. 经济研究，2010，45（9）：109-121，136.

［92］黄新建，张会. 地区环境、政治关联与审计师选择：来自中国民营上市公司的经验证据［J］. 审计与经济研究，2011，26（3）：44-52.

［93］罗党论，唐清泉. 政府控制、银企关系与企业担保行为研究：来自中国上市公司的经验证据［J］. 金融研究，2007（3）：151-161.

［94］吴文锋，吴冲锋，芮萌. 中国上市公司高管的政府背景与税收优惠［J］. 管理世界，2009（3）：134-142.

［95］贾明，张喆. 高管的政治关联影响公司慈善行为吗？［J］. 管理世界，2010（4）：99-113，187.

［96］潘越，戴亦一，李财喜. 政治关联与财务困境公司的政府补助：来自中国ST公司的经验证据［J］. 南开管理评论，2009，12（5）：6-17.

［97］雷光勇，李书锋，王秀娟. 政治关联、审计师选择与公司价值［J］. 管理世界，2009（7）：145-155.

［98］吴文锋，吴冲锋，刘晓薇. 中国民营上市公司高管的政府背景与公司价值［J］. 经济研究，2008（7）：130-141.

［99］SHLEIFER A，VISHNY R W. The grabbing hand：government pathologies and their cures［J］. American Economic Association Papers and Proceedings，1998，87（2）：354-358.

［100］FISMAN R. Estimating the Value of Political Connections.［J］. The American Economic Review，2001，91（4）：1095-1102.

［101］LEUZ C，OBERHOLZER-GEE F. Political Relationships，Global Financing，and Corporate Transparency：Evidence From Indonesia［J］. Journal of Financial Economics，2006，81（2）：411-439.

［102］BAI C，LIU Q，LU J，et al. An Empirical Study on Corporate Governance and Market Valuation in China［J］. Frontiers of Economics in China，2006，1（1）：83-111.

[103] LI H, MENG L, WANG Q, et al. Political Connections, Financing and Firm Performance: Evidence from Chinese Private Firms [J]. Journal of Development Economics, 2008, 87 (2): 283-299.

[104] 胡旭阳. 民营企业家的政治身份与民营企业的融资便利：以浙江省民营百强企业为例 [J]. 管理世界, 2006 (5): 107-113, 141.

[105] 郝项超, 张宏亮. 政治关联关系、官员背景及其对民营企业银行贷款的影响 [J]. 财贸经济, 2011 (4): 55-61.

[106] BOUBAKRI N, COSSET J C, SAFFAR W. Political Connections of Newly Privatized Firms [J]. Journal of Corporate Finance, 2008, 14 (5): 654-673.

[107] 罗党论, 刘晓龙. 政治关系、进入壁垒与企业绩效：来自中国民营上市公司的经验证据 [J]. 管理世界, 2009 (5): 97-106.

[108] 梁莱歆, 冯延超. 政治关联与企业过度投资：来自中国民营上市公司的经验证据 [J]. 经济管理, 2010, 32 (12): 56-62.

[109] 张敏, 张胜, 王成方, 申慧慧. 政治关联与信贷资源配置效率：来自我国民营上市公司的经验证据 [J]. 管理世界, 2010 (11): 143-153.

[110] NIESSEN A, RUENZI S. Political Connectedness and Firm Performance: Evidence From Germany [J]. German Economic Review, 2010, 11 (4): 441-464.

[111] 夏立军, 方铁强. 政府控制、治理环境与公司价值：来自中国证券市场的经验证据 [J]. 经济研究, 2005 (5): 40-51.

[112] 陈冬, 陈平, 唐建新. 实际控制人类型、法律保护与会计师事务所变更：基于国企民营化的经验研究 [J]. 会计研究, 2009 (11): 59-65, 96.

[113] 张祥建, 郭岚. 政治关联的机理、渠道与策略：基于中国民营企业的研究 [J]. 财贸经济, 2010 (9): 99-104.

[114] CHEN R R. Political Connection and Company's Profitability: Evidence from China Individual-controlled Listed Firms [J]. South China Journal of Economics, 2010 (5).

[115] CHEN C J P, LI Z. Rent Seeking Incentives, Political Connections and Organizational Structure: Empirical Evidence from Listed Family Firms in China [J]. Working Paper, City University of Hong Kong, 2005.

[116] 薛爽，肖星. 捐赠：民营企业强化政治关联的手段？[J]. 财经研究，2011，37（11）：102-112.

[117] SHLEIFER A, VISHNY R W. Politicians and Firms [J]. The Quarterly Journal of Economics, 1994, 109 (4): 995-1025.

[118] BERTRAND M, KRAMARZ F, SCHOAR. Politicians, Firms and the Political Business Cycle: Evidence from France [J]. Unpublished working paper, University of Chicago, 2007.

[119] HART O, MOORE J. Debt and Seniority: An Analysis of the Role of Hard Claims in Constraining Management [J]. American Economic Review, 1995, 85 (3): 567-585.

[120] 涂国前，刘峰. 制衡股东性质与制衡效果：来自中国民营化上市公司的经验证据 [J]. 管理世界，2010（11）：132-142，188.

[121] ZHOU W. Bank Financing in China's Private Sector: The Payoffs of Political Capital [J]. World Development, 2009, 37 (4): 787-799.

[122] SAPIENZA P. The Effects of Government Ownership on Bank Lending [J]. Journal of Financial Economics, 2004, 72 (2): 357-384.

[123] FRANCIS B B, HASAN I, SUN X. Political Connections and the Process of Going Public: Evidence from China [J]. Journal of International Money and Finance, 2009, 28 (4): 696-719.

[124] CHEUNG Y L, RAU P R, ARIS S. The Helping Hand, the Lazy Hand, or the Grabbing Hand? Central vs. Local Government Shareholders in Publicly Listed Firms in China [J]. Review of Finance, 2009, 14 (4): 669-694

[125] 陈晓，李静. 地方政府财政行为在提升上市公司业绩中的作用探析 [J]. 会计研究，2001（12）：20-28，64.

[126] 肖浩，夏新平. 政府干预、政治关联与权益资本成本 [J]. 管理学报，2010，7 (6)：921-929.

[127] LIU Q, TANG J, TIAN G G. Does Political Capital Create Value in the IPO Market? Evidence From China [J]. Journal of Corporate Finance, 2013, 23 (C): 395-413.

[128] 邓路，王珊珊. 中美两国非公开发行制度对比研究 [J]. 财政研究，2010 (3)：77-79.

[129] BOUBAKRI N, GUEDHAMI O, MISHRA D, et al. Political Connections and the Cost of Equity Capital [J]. Journal of Corporate Finance, 2012, 18 (3): 541-559.

[130] 邓路. 上市公司定向增发融资行为研究：全流通时代中国资本市场的经验证据 [D]. 北京：中国人民大学，2010.

[131] FAMA E F. Market Efficiency, Long-Term Returns, and Behavioral Finance [J]. Journal of Financial Economics, 1998, 49 (3): 283-306.

索　引